Berufsfeld Küche

Einstieg Beruf

Erste Schritte in die deutsche Sprache

Übungsheft

Ruth Albert
Susanne Krauß
Judith Reisewitz
Frauke Teepker
Franziska van Elten

Ernst Klett Sprachen
Stuttgart

Bundesministerium
für Bildung
und Forschung

Das dieser Veröffentlichung zugrunde liegende Forschungsprojekt *Alphamar2* wurde mit Mitteln des Bundesministeriums für Bildung und Forschung unter dem Förderkennzeichen 01AB12026 gefördert. Die Verantwortung für den Inhalt der Veröffentlichung liegt bei den Autorinnen.

Wir danken dem Verein „Arbeit und Bildung", der VHS Marburg, der VHS Frankfurt sowie den Kursleiterinnen und Kursleitern der Erprobungskurse für ihre Unterstützung bei der Erprobung und Inna Gushchina für ihre Unterstützung bei der ersten Planung dieser Materialien. Außerdem möchten wir Maren Beneke und Olga Nikoliai ganz herzlich für ihren unermüdlichen Einsatz und ihre Hilfe beim Erstellen der Materialien danken.

1. Auflage 1 12 11 10 9 8 | 2028 27 26 25 24

Alle Drucke dieser Auflage sind unverändert und können im Unterricht nebeneinander benutzt werden. Die letzte Zahl bezeichnet das Jahr des Druckes.

www.klett-sprachen.de

Autorinnen: Ruth Albert, Susanne Krauß, Judith Reisewitz, Frauke Teepker, Franziska van Elten
Redaktion: Coleen Clement, Berlin; Ondrej Kotas, Berlin
Herstellung: Alexandra Veigel
Gestaltung und Satz: Regina Krawatzki, Stuttgart
Umschlaggestaltung: Sabine Kaufmann, Stuttgart
Reproduktion: Meyle + Müller GmbH + Co. KG, Pforzheim
Druck und Bindung: Plump Druck & Medien GmbH, Rheinbreitbach

PEFC
Förderung nachhaltiger Waldbewirtschaftung
PEFC/04-31-3752
www.pefc.de

Printed in Germany
978-3-12-676166-6

Inhalt

Die Symbole bedeuten:

- Sie arbeiten zu zweit.
- Sie arbeiten in der Gruppe.
- Sie schreiben ins Heft.
- Sie bearbeiten Wörter im Glossar.

1 In der Großküche:

Arbeitskleidung, Gegenstände und Tätigkeiten

1 **Was tragen die Personen? Sehen Sie die Bilder an und schreiben Sie die Zahlen.**

das Haarnetz	5
das Halstuch	☐
der Handschuh	☐
der Kittel	☐
die Kochjacke	☐
die Kochmütze	☐
die Schürze	☐

2 **Was ist das? Zeigen Sie auf ein Kleidungsstück in Übung 1. Ihr Partner / Ihre Partnerin sagt das Wort.**

3 **Wer ist das? Was ist er von Beruf? Lesen Sie und markieren Sie.**

Hallo, ich bin Anton. Ich arbeite in einer Großküche. Ich bin Küchenhilfe. Ich helfe beim Kochen. Ich spüle und putze.

4 **Was sagt Anton noch? Lesen Sie.**

Auf dem Kopf trage ich immer eine kleine Kochmütze, das *Schiffchen*.

Ich trage ein Polo-Shirt oder eine Kochjacke, eine extra Hose für die Küche und Arbeitsschuhe.

Manchmal trage ich auch eine Schürze und ein Halstuch. Ich spüle mit Handschuhen.

5 **Was ist richtig? Kreuzen Sie an.**

1. Anton trägt eine Kochmütze. ☐
2. Er trägt normale Schuhe. ☐
3. Er trägt immer eine Schürze. ☐
4. Er spült mit Handschuhen. ☐

6 Ergänzen Sie *spülen* in der richtigen Form.

ich		
du	spül	**st**
er / sie		
wir	spül	**en**
ihr	spül	**t**
sie / Sie	spül	**en**

7 Was spülen die Personen? Ergänzen Sie.

Ich ______ ______ den Topf.

Du ______ ______ die Pfanne.

Anton spül t den Deckel.

Wir ______ ______ alle Messer.

Ihr ______ ______ das Geschirr.

Anton und Maria ______ ______ das Besteck.

8 Kennen Sie die Wörter? Verbinden Sie.

das Besteck:

das Messer — die Gabel — der Esslöffel — der Teelöffel

das Geschirr:

der Teller — die Untertasse — die Schüssel — das Schälchen

das Glas — die Tasse — der Eierbecher — das Kännchen

9 Wie sind die Pluralformen? Machen Sie eine Liste. Welche Formen sind im Singular und Plural gleich?

der, die, das	die
das Messer	die Messer

10 Was machen die Personen in der Großküche? Ordnen Sie die Bilder zu.

[4] spülen	[ ] kochen	[ ] holen
[ ] wischen	[ ] rühren	[ ] wegräumen

1

2

3

4

5

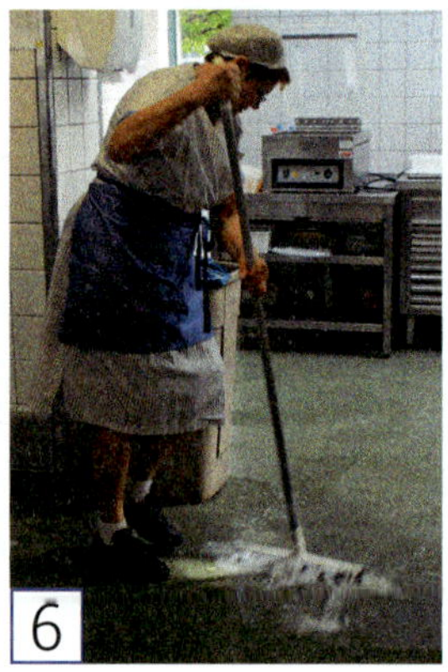
6

11 Was passt zusammen? Sehen Sie die Bilder in Übung 10 an und verbinden Sie.

das Essen	rühren
eine Kiste mit Gemüse	kochen
den Boden	holen
die Suppe	wegräumen
die Tabletts	wischen
das Geschirr	spülen

12 Wer macht was? Zeigen Sie auf ein Bild und fragen Sie. Ihr Partner / Ihre Partnerin antwortet.

Was macht sie?

Sie spült das Geschirr.

13 Was passt wo? Ordnen Sie zu und schreiben Sie.

~~Mikrowelle~~ Spülmaschine Backofen Kaffeemaschine Spüle
Kühlschrank Wasserkocher Gefrierschrank Trockentuch Schwamm

1.

der ______________________

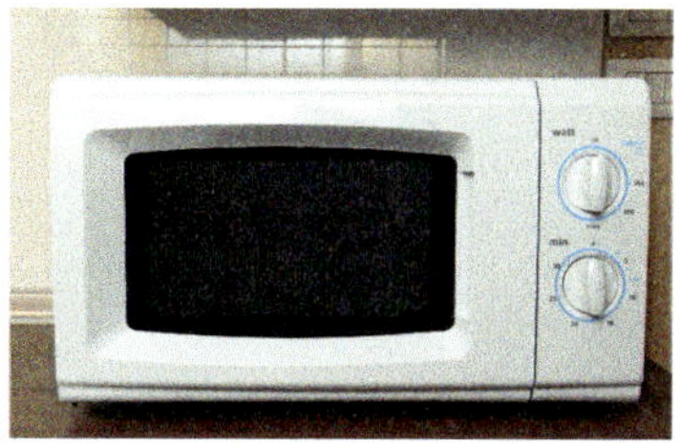

die Mikrowelle ______________________

2.

die ______________________

die ______________________

3.

der ______________________

der ______________________

4.

die ______________________

der ______________________

5.

der ______________________

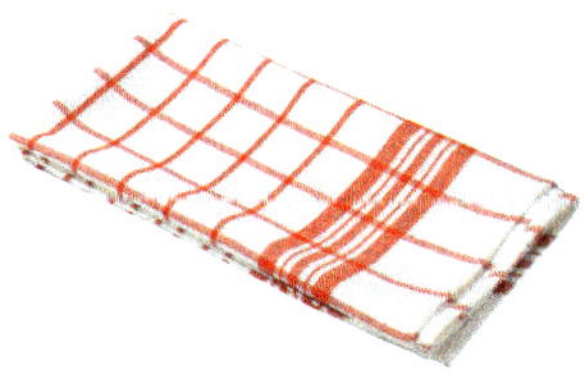

das ______________________

Wiederholen Sie

14 Wie sind die Silben? Klatschen Sie die Wörter und schreiben Sie in zwei Farben.

1. Großküche — Großküche ______
2. Spülmaschine ______
3. Mikrowelle ______
4. Wasserkocher ______
5. Gefrierschrank ______

15 Was kennen Sie jetzt in der Großküche? Sprechen Sie.

Da sind
Pfannen | Töpfe | Deckel | Kisten | Servierwagen | Regale | ...

16 Was ist in Ihrer Küche zu Hause? Sprechen Sie.

17 Welche Wörter passen? Schreiben Sie und vergleichen Sie.

18 Was machen die Personen? Welche Arbeitskleidung tragen sie? Sprechen Sie.

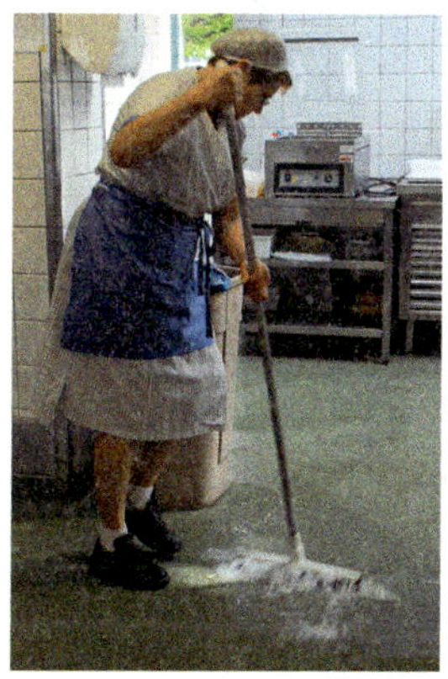

19 Wer oder was ist das? Lesen Sie vor. Ihr Partner / Ihre Partnerin sagt das Wort.

1. Es ist ein Beruf. Man arbeitet in der Küche.
2. Es ist Arbeitskleidung. Es ist für den Kopf.
3. Es ist eine Maschine. Damit spült man Geschirr.
4. Es steht in der Küche. Darin macht man Pizza.
5. Es ist ein Wort für Messer, Gabel und Löffel zusammen.
6. Es ist Geschirr. Daraus trinkt man Kaffee oder Tee.

20 Welche Wörter können Sie gut? Haken Sie die Wörter im Glossar ab. ✓

2 In der Großküche:

Mit Lebensmitteln arbeiten

1 Kennen Sie das Obst und Gemüse in der Kiste? Sprechen Sie.

2 Was sagt Anton? Lesen Sie.

Als Küchenhilfe muss ich die Lebensmittel gut kennen: Wie heißen sie? Wo lagert man sie?
Ich arbeite mit Obst und Gemüse: Ich wasche und schneide es.
Ich mache auch Salatsoßen und Nachspeisen.
Ich hole Getränke aus dem Lager und stelle sie in den Kühlschrank.

3 Was ist richtig? Kreuzen Sie an.

1. Eine Küchenhilfe muss viel über Lebensmittel wissen. ☐
2. Anton wäscht und schneidet Gemüse. ☐
3. Der Koch macht immer die Nachspeise. ☐
4. Anton stellt die Getränke auf den Tisch. ☐

4 Was macht man mit den Lebensmitteln? Schreiben Sie.

~~hacken~~ waschen schneiden schälen wiegen pressen

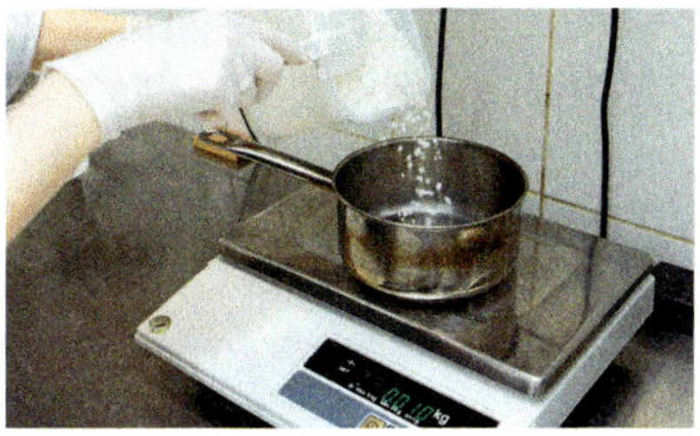

Lebensmittel ______

Gemüse ______

Knoblauch ______

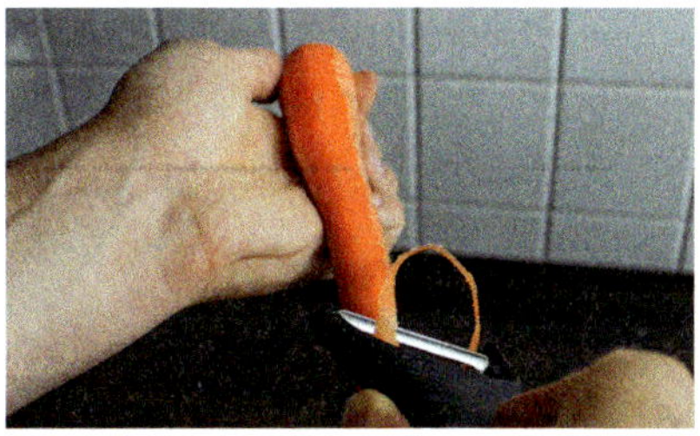

Möhren ______

Tomaten ______

Zwiebeln hacken

5 Wer macht was? Zeigen Sie auf ein Bild in Übung 4 und fragen Sie. Ihr Partner / Ihre Partnerin antwortet.

Was macht die Person?

Sie wiegt Lebensmittel.

6 Wofür braucht man das? Sprechen Sie.

das Messer

der Gemüseschäler

die Küchenwaage

	schneidet		Gemüse.
Mit dem ...	schält	man	Kartoffeln.
Mit der ...	wiegt		Lebensmittel.
	presst		Knoblauch.

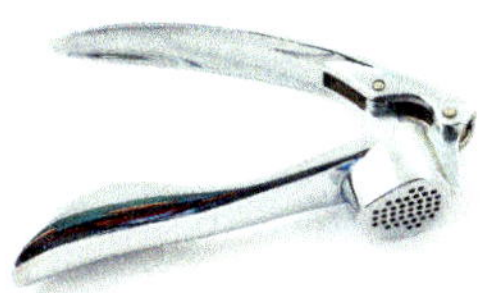

die Knoblauchpresse

7 **Was bereitet man in der Großküche zu? Schreiben Sie die richtigen Wörter unter die Bilder.**

~~die Bratwürste~~ die Buletten das Hackfleisch die Schnitzel

1. ______ ______ ______ die Bratwürste

die Nudeln der Salat die Kartoffeln der Reis

2. ______ ______ ______ ______

der Kuchen der Pudding der Quark die Waffeln

3. ______ ______ ______ ______

8 **Welche Wörter sind im Plural? Wie sind diese Wörter im Singular? Sprechen Sie.**

9 **Ordnen Sie die Lebensmittel zu.**

die Nachspeise: __ das Fleischgericht: 1 die Beilage: __

10 Welche Zutaten passen zusammen? Verbinden Sie.

Salz

Öl

Zucker

Basilikum

Essig

Mehl

Rosmarin

Pfeffer

11 Für welches Gericht in Übung 7 braucht man was? Sprechen Sie.

Salz Öl	braucht man für	Buletten und für ... ...

12 Wie sind die Gerichte? Ordnen Sie zu.

1

2

3

4

5

6

Bild _____: mit Käse

Bild _____: mit Schweinefleisch

Bild _____: mit Ei

Bild _____: mit Rindfleisch

Bild _____: mit Geflügel

Bild _____: vegetarisch

13 Was machen die Personen? Ordnen Sie zu.

☐ abschmecken ☐ anmachen ☐ anbraten

1

2

3

14 Wie ist es richtig? Ergänzen Sie.

Der Koch [ab] [schmeck] [t] die Suppe.

Der Koch [schmeck] [t] die Suppe [ ].

15 Ergänzen Sie *abschmecken* in der richtigen Form.

~~schmeck**t** ... ab~~ schmeck**en** ... ab schmeck**st** ... ab
schmeck**e** ... ab schmeck**en** ... ab schmeck**t** ... ab

Ich [ ] [ ] die Suppe [ ].
Du [ ] [ ] die Nudeln [ ].
Er [schmeck] [t] das Essen [ab].
Wir [ ] [ ] das Gemüse [ ].
Ihr [ ] [ ] die Soße [ ].
Anton und Maria [ ] [ ] die Nachspeise [ ].

16 **Was machen die Personen? Ergänzen Sie.**

Maria [brä][t] die Zwiebeln [ ].

anbraten

Anton [ ][ ] den Herd [ ].

anmachen

Milan [ ][ ] die Zitrone [ ].

durchschneiden

17 **Schreiben Sie Sätze.**

a

den Reis anbraten
die Mikrowelle anmachen
die Suppe abschmecken
das Brot durchschneiden

Der Koch brät den Reis an.

b

das Gemüse ...
die Kaffeemaschine ...
die Nudeln ...
...

Anton schneidet das Gemüse.

18 **Was machen Sie beim Kochen? Sprechen Sie.**

Ich schneide ...

Ich mache ...

Wiederholen Sie

19 **Welche Lebensmittel passen? Ergänzen Sie in jeder Gruppe 5 Lebensmittel. Vergleichen Sie.**

Obst	Gemüse	Fleisch	Getränke
der Apfel	der Blumenkohl	die Wurst	das Wasser

20 **Welche Tätigkeiten finden Sie? Markieren Sie und schreiben Sie.**

u	e	n	s	c	h	ä	l	e	n	o
a	b	s	c	h	m	e	c	k	e	n
s	a	k	o	c	h	e	n	m	u	g
f	s	c	h	n	e	i	d	e	n	r
s	z	e	r	l	h	a	c	k	e	n
g	n	i	a	n	b	r	a	t	e	n
l	a	e	n	w	i	e	g	e	n	s

1. schälen
2.
3.
4.
5.
6.
7.

21 **Üben Sie die Verben aus Übung 20. Sprechen Sie reihum.**

1. ich schäle – du schälst – er/sie schält – wir ... – ihr ... – sie ...
2. ich schmecke ab – du schmeckst ab – er/sie schmeckt ab – wir ...
3. ich koche – du ...
4. ...

22 Wo lagert man die Lebensmittel? Schreiben Sie.

~~Nudeln~~ Quark Kartoffeln Fleisch Milch Äpfel
Eis Tomaten Tiefkühlpizza Öl Zwiebeln Käse

Gefrierschrank	Kühlschrank	Lager
		Nudeln

-18 °C

5–7 °C

23 Wählen Sie ein Thema und sammeln Sie Wörter.

grüne Lebensmittel

Ihre Lebensmittel

rote Lebensmittel

Lebensmittel für Kinder

Lebensmittel in Deutschland

...

24 Welche Wörter können Sie gut? Haken Sie die Wörter im Glossar ab. ✓

Bildwörterbuch zu Lektion 1 und 2

die Kochmütze

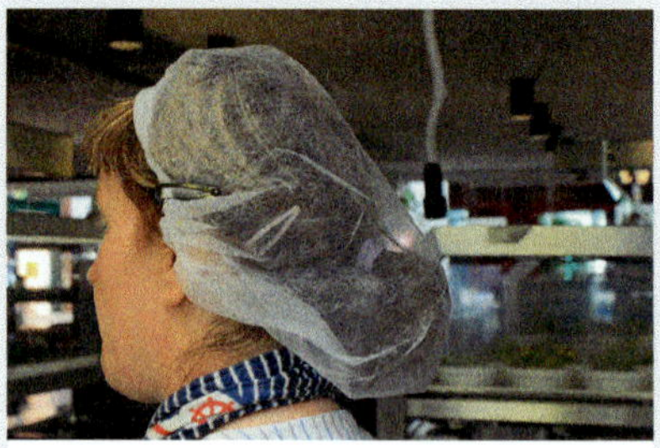

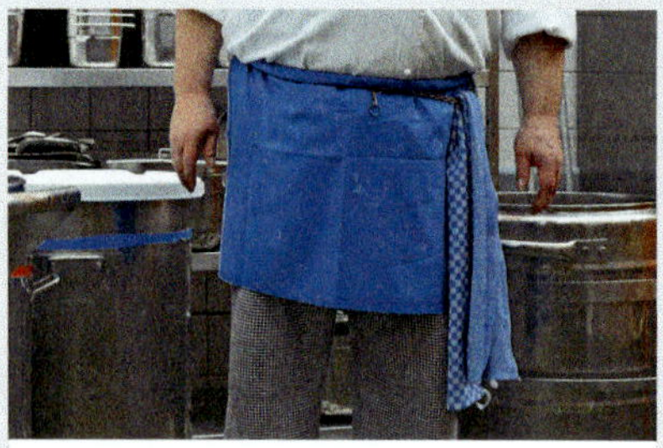

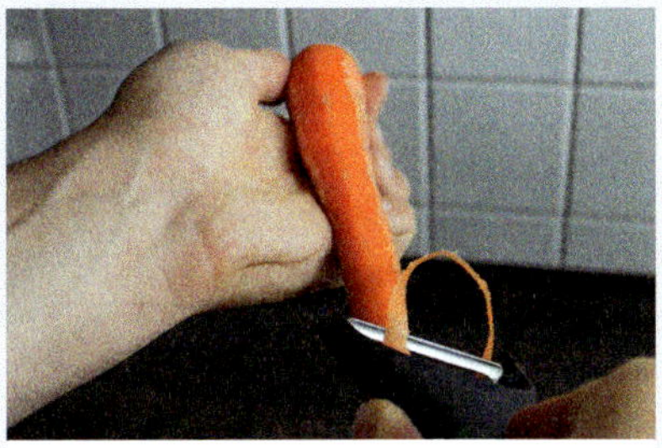

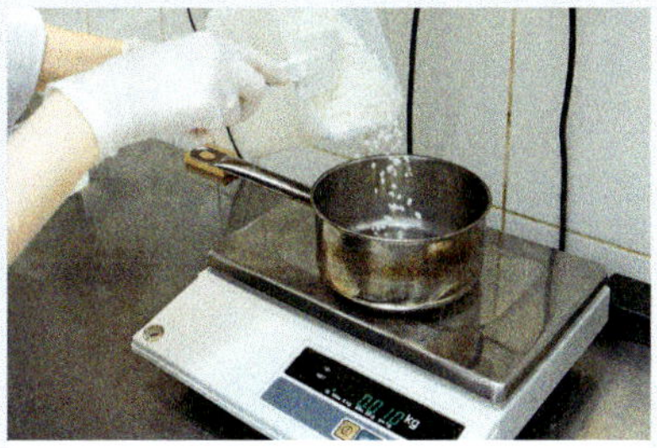

3 In der Großküche:

Kleine und große Geräte und Maschinen

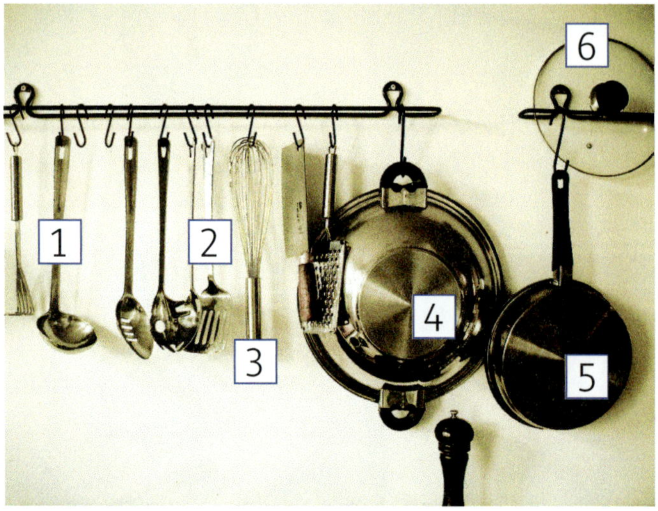

1 Ordnen Sie zu und sprechen Sie.

Mit ☐ serviert man Suppe.
Mit ☐ rührt man etwas.
In ☐ kocht man etwas.
In ☐ brät man etwas.
Mit ☐ wendet man Fleisch.
☐ kommt auf den Topf oder die Pfanne.

2 Was sagt Anton? Lesen Sie den Text.

In der Großküche haben wir spezielle Geräte und Maschinen.
Wir kochen in einem sehr großen Topf: Das ist der Kochkessel.
Unser Ofen heißt Heißluftofen. Darin garen wir Fleisch und Gemüse.
Wir spülen das Geschirr in der Spülstraße.

3 Was ist richtig? Kreuzen Sie an.

1. Die Geräte in der Großküche sind wie in der Küche zu Hause. ☐
2. Anton und die Kollegen kochen im Kochkessel. ☐
3. Sie haben einen Heißluftofen. ☐
4. Sie spülen alles per Hand. ☐

4 **Was braucht man in der Küche? Schreiben Sie unter die Bilder.**

1. das Sieb 2. die Reibe 3. die Suppenkelle
4. der Pfannenwender 5. die Zange 6. der Schneebesen
7. der Dosenöffner 8. das Backblech 9. der Mixer

1 ______

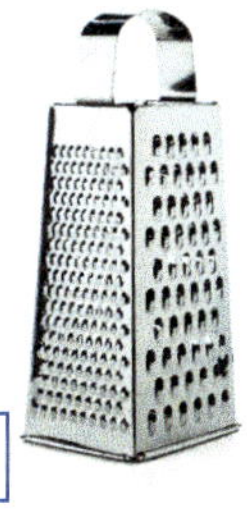
2 ______

3 ______

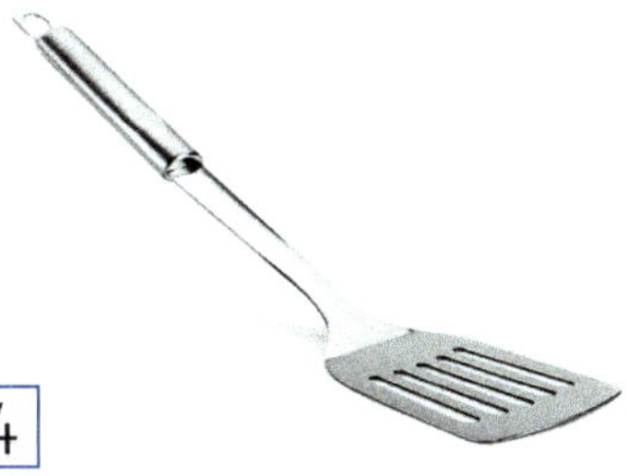
4 ______

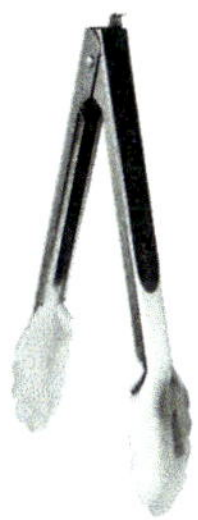
5 ______

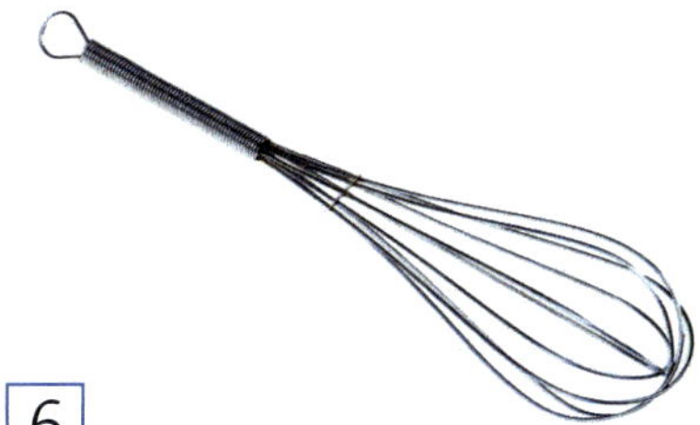
6 ______

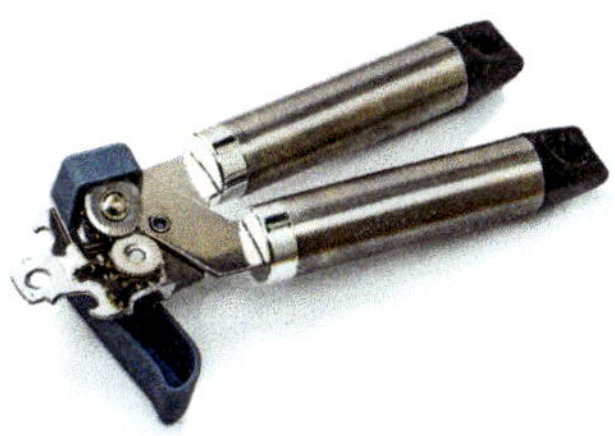
7 ______

8 ______

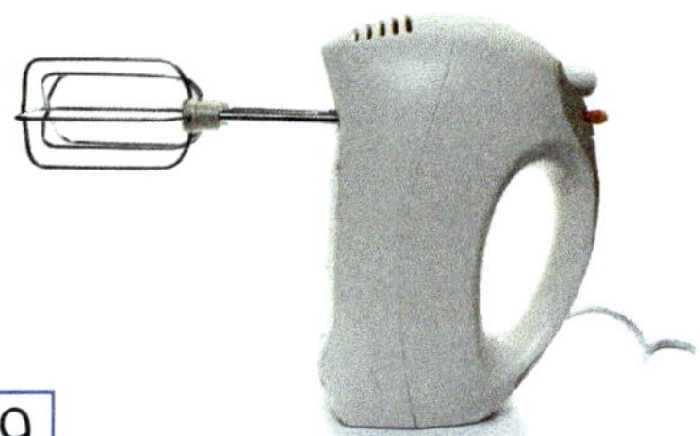
9 ______

5 **Beschreiben Sie einen Gegenstand von oben. Die anderen raten.**

Damit öffnet man eine Dose. | Damit serviert man eine Suppe. | Damit wendet man Fleisch. | Damit reibt man Kartoffeln oder Möhren. | ...

6 Was ist das? Lesen Sie laut.

der Kochkessel

die Pommesmaschine

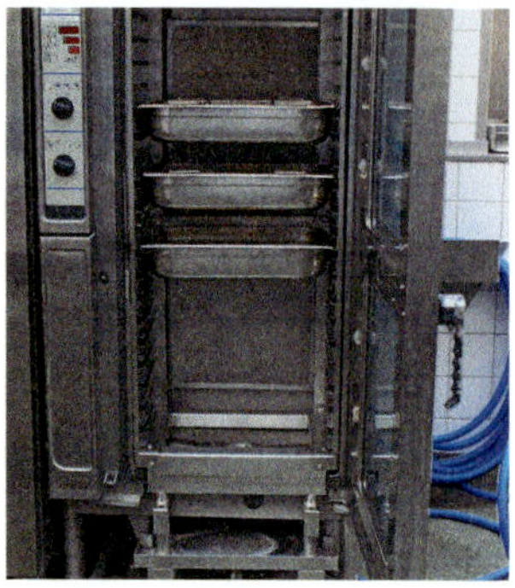

der Heißluftofen

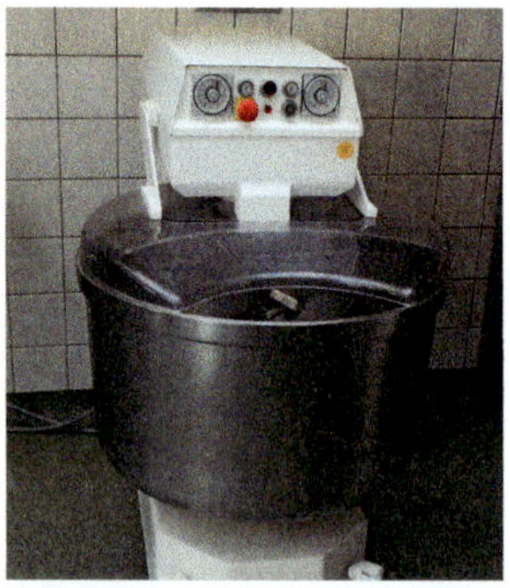

die Rührmaschine

die Vakuummaschine

die Spülstraße

das Abnahmeband

7 Welches Gerät ist das? Lesen Sie und zeigen Sie.

1. Damit frittiert man Pommes.
2. Darin kocht man eine große Menge Essen, zum Beispiel Reis.
3. Damit rührt man Lebensmittel, zum Beispiel Teig.
4. Damit gart man Gemüse. Die Vitamine bleiben im Gemüse.
5. Damit verpackt man Lebensmittel luftdicht. Sie bleiben lange frisch.
6. Damit spült man Geschirr und Tabletts.
7. Damit kommt das saubere Geschirr aus der Spülstraße.

8 **Was ist in der Großküche? Setzen Sie die Wörter zusammen.**

1. Heißluft	-maschine	______
2. Koch	-ofen	______
3. Rühr	-maschine	Vakuummaschine
4. Vakuum	-straße	______
5. Spül	-kessel	______

9 **Nennen Sie eine Tätigkeit. Ihr Partner / Ihre Partnerin sagt, was Sie brauchen.**

Ich will Pommes frittieren.

Du brauchst die Pommesmaschine.

10 **Zu welcher Gruppe gehören die Wörter? Ergänzen Sie die Tabelle.**

~~die Spülstraße~~ ~~kochen~~ spülen der Kochkessel frittieren die Rührmaschine rühren anbraten der Heißluftofen abschmecken der Schneebesen das Tablett

Nomen ▲▲	Verben ●
die Spülstraße	kochen

11 **Der Küchenchef plant den Tag in der Großküche. Lesen Sie und kreuzen Sie die richtige Antwort an.**

a

Das Gemüse

Chef: Guten Morgen, Anton. Heute kochen wir Fleisch, Gemüse, Nudeln und Reis. Wir machen auch Salat.

Anton: Okay, was kann ich tun?

Chef: Stell den Blumenkohl in den Heißluftofen.

Anton: Das mache ich.

Anton stellt ☐ Fleisch ☐ Blumenkohl in den Heißluftofen.

b

Das Fleisch

Anton: Was soll ich dann machen?

Chef: Gib das Fleisch und die Zwiebeln in den Kochkessel.

Anton: Kein Problem.

Anton ☐ hackt Zwiebeln. ☐ mischt Fleisch und Zwiebeln.

c

Der Salat

Anton: Was ist mit dem Salat?

Chef: Misch den Salat mit Essig und Salz.

Anton: Gut. Und dann?

Chef: Nimm den Servierwagen und bring das Essen zur Essensausgabe.

Anton bringt das Essen ☐ zur Essensausgabe. ☐ zu den Gästen.

12 Analysieren Sie die Sätze. Malen Sie wie im Beispiel.

1	2	3

Anton	kocht	den Blumenkohl.

Anton	macht	den Salat.

Anton	nimmt	den Servierwagen.

13 Analysieren Sie die Sätze. Malen Sie wie im Beispiel.

1	2

Koch	den Blumenkohl!

Mach	den Salat!

Nimm	den Servierwagen!

14 Was ist anders? Vergleichen Sie die Sätze in Übung 12 und 13.

Wiederholen Sie

15 **Was passt? Verbinden Sie und schreiben Sie.**

1. Schäl — die Dose!
2. Wasch — die Kartoffeln!
3. Öffne — den Salat!
4. Brate — das Essen zur Essensausgabe!
5. Bring — das Fleisch an!

16 **Bitten Sie Ihren Partner / Ihre Partnerin. Er / Sie reagiert.**

Hack bitte die Zwiebeln!

Kein Problem.

Ja, das mache ich.

Einen Moment, bitte.

17 **Wie sind die Silben? Klatschen Sie die Wörter und schreiben Sie in zwei Farben.**

1. Kochkessel — Kochkessel
2. Spülstraße — ______________________
3. Servierwagen — ______________________
4. Rührmaschine — ______________________
5. Essensausgabe — ______________________

18 **Welche Wörter passen zu Übung 17? Kreuzen Sie an.**

☐

☐

☐

☐

19 Setzen Sie die Wörter zusammen und schreiben Sie.

Koch – topf / mütze / jacke / kessel / buch

der Kochtopf

...

Spül / Rühr / Vakuum / Kaffee / Pommes – maschine

die Spülmaschine

...

20 Welche Wörter passen? Schreiben Sie und vergleichen Sie.

kleine Geräte

die Suppenkelle

21 Welche Wörter können Sie gut? Haken Sie die Wörter im Glossar ab. √

4 In der Großküche:

Gerichte, Mengenangaben und Rezepte

1

2

3

4

1 Welche Gerichte kann man zubereiten? Sehen Sie die Zutaten an und ordnen Sie zu.

☐ Pizza ☐ Hamburger ☐ Gemüsesuppe ☐ Kartoffelsalat

2 Was sagt Anton? Lesen Sie den Text.

Für meine Arbeit muss ich Gerichte kennen. Ich muss Rezepte verstehen, auch spezielle Wörter wie Kilo, Gramm oder Liter.
Ich muss wissen: Wie kocht man die Gerichte? Wie schneidet man das Gemüse: in Stücke? In Ringe? Zahlen sind auch wichtig: Beim Kochen, Braten und Backen muss ich die richtige Temperatur kennen.

3 Was ist richtig? Kreuzen Sie an.

1. Anton muss Rezepte schreiben. ☐
2. Er muss Wörter wie Kilo, Gramm und Liter verstehen. ☐
3. Er schneidet Gemüse immer in Ringe. ☐
4. Er muss die Zahlen kennen. ☐

4 **Wie bereiten die Personen Essen zu? Schreiben Sie unter die Bilder.**

3. ~~backen~~	2. kneten	1. belegen	4. aufkochen
6. dünsten	5. ablöschen	8. braten	7. panieren

1

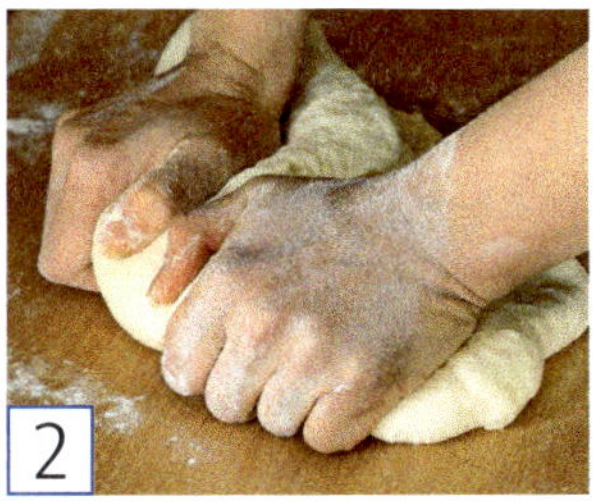
2

3

4

______ ______ backen ______

5

6

7

8

______ ______ ______ ______

5 **Was machen die Personen? Zeigen Sie auf ein Bild. Ihr Partner / Ihre Partnerin sagt das Wort.**

6 **Sehen Sie die Bilder aus Übung 4 noch einmal an. Verbinden Sie.**

1. ein Brötchen mit Aufschnitt	kneten
2. Teig mit den Händen	aufkochen
3. Muffins im Ofen	belegen
4. die Milch kurz	ablöschen
5. das Essen mit Weißwein	panieren
6. den Brokkoli	backen
7. die Schnitzel mit Ei und Mehl	braten
8. den Fisch in der Pfanne	dünsten

7 Wie kann man Gemüse schneiden? Ordnen Sie zu.

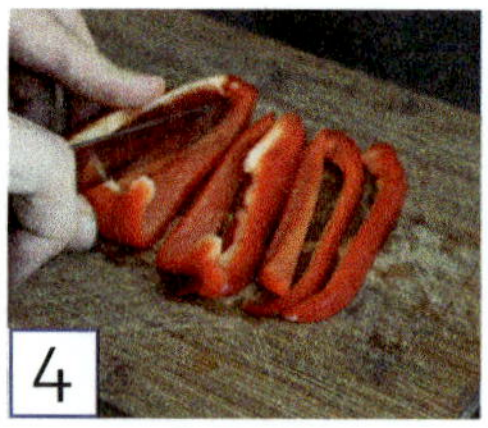

[3] in Scheiben [ ] in Stücke [ ] in Würfel [ ] in Ringe [ ] in Streifen

8 Wie kann man eine Pizza schneiden? Ordnen Sie zu.

1

$\frac{3}{4}$

$\frac{1}{2}$

$\frac{1}{4}$

1 : eine ganze Pizza

___ : eine viertel Pizza

___ : eine halbe Pizza

___ : eine dreiviertel Pizza

9 Welches Verb passt? Schreiben Sie.

halbieren achteln vierteln

$\frac{1}{2}$ in zwei Stücke schneiden ______________

$\frac{1}{4}$ in vier Stücke schneiden ______________

$\frac{1}{8}$ in acht Stücke schneiden ______________

10 Was sollen Sie machen? Lesen Sie und zeichnen Sie in die Bilder.

Halbieren Sie das Brot!

Schneiden Sie den Erdbeerkuchen in 8 Stücke!

Vierteln Sie den Kürbis!

Schneiden Sie den Nudelauflauf in 12 Stücke!

11 Welche Abkürzungen passen? Schreiben Sie.

l ml kg mg Pck. EL TL g

Milligramm	______	Milliliter	______
Gramm	______	Liter	______
Kilogramm	______	Teelöffel	______
Päckchen	______	Esslöffel	______

12 Einen Kuchen backen. Lesen Sie das Rezept.

800 g	Mehl
2 l	Milch
370 g	Zucker
5	Eier
2 EL	Backpulver
3 Pck.	Vanillezucker
450 g	Kirschen
250 g	Butter

13 Wieviel braucht man für das Rezept? Fragen Sie. Ihr Partner / Ihre Partnerin antwortet.

Wie viel Vanillezucker braucht man?

Man braucht drei Päckchen.

14 Wie viel ist das? Rechnen Sie um.

Kilogramm	→	Gramm
1 kg	=	1000 g
½ kg	=	
¼ kg	=	
¾ kg	=	
1½ kg	=	

Liter	→	Milliliter
1 l	=	1000 ml
½ l	=	
¼ l	=	
¾ l	=	
1½ l	=	

15 **Eine Gemüsesuppe kochen. Lesen Sie das Rezept.**

Kartoffeln, Bohnen und Möhren waschen und schneiden.
Das Gemüse in Fett anbraten.
Brühe dazugeben.
Die Suppe 35 Minuten garen.
Mit Salz und Pfeffer würzen.
Mit Petersilie servieren.

16 **Was gehört in das Rezept aus Übung 15? Kreuzen Sie an.**

☐ Lauch

☐ Bohnen

☐ Brühe

☐ Petersilie

☐ Schnittlauch

17 **Was gehört für Sie in eine Gemüsesuppe? Kreuzen Sie an und vergleichen Sie.**

☐ Zwiebeln	☐ Öl	☐ Salz
☐ Kartoffeln	☐ Butter	☐ Pfeffer
☐ Paprika	☐ Wasser	☐ Curry
☐ Lauch	☐ Wein	☐ Petersilie
☐ Bohnen	☐ Brühe	☐ Schnittlauch
☐ ______	☐ ______	☐ ______

18 **Nennen Sie Zutaten für ein Gericht. Die anderen raten.**

Ich habe Butter, Möhren, ...

Ist das eine Suppe?

19 Was sagt Anton? Lesen Sie den Text.

Wir machen nicht nur warmes Essen. Wir müssen auch Brötchen belegen, zum Beispiel mit Wurst oder Schinken. Oder mit Käse für Vegetarier.

20 Brötchen belegen. Welche Zutaten und Hilfsmittel braucht man? Sehen Sie das Bild an und sprechen Sie.

Man braucht Brötchen und ...

Man braucht ein Brett und ...

21 Anton hat einen neuen Kollegen. Lesen Sie den Dialog.

Anton: Hallo Milan. Komm, wir machen belegte Brötchen.
Milan: Gut, was brauche ich?
Anton: Du brauchst ein Schneidebrett und ein Messer. Hier ist die Kiste mit Brötchen.
Milan: Womit belegen wir die Brötchen?
Anton: Wir streichen Butter auf alle Brötchen. Manche belegen wir mit Käse und Tomate, andere mit Schinken und Ei.
Milan: Okay, ich möchte die Käsebrötchen belegen.
Anton: Alles klar, dann mache ich die Schinkenbrötchen.

22 Was ist richtig? Kreuzen Sie an.

1. Anton und Milan backen Brötchen. ☐
2. Sie streichen Majonäse auf die Brötchen. ☐
3. Milan belegt die Brötchen mit Käse. ☐
4. Auf den Käsebrötchen sind auch Tomaten. ☐

Wiederholen Sie

23 Welche Wörter finden Sie? Markieren Sie und schreiben Sie.

g	a	b	a	c	k	e	n	e	r
z	d	ü	n	s	t	e	n	m	ä
p	a	n	i	e	r	e	n	v	u
t	r	k	e	b	r	a	t	e	n
a	a	b	l	ö	s	c	h	e	n
s	a	h	k	n	e	t	e	n	z
k	b	e	l	e	g	e	n	e	n

1. backen
2. ______________
3. ______________
4. ______________
5. ______________
6. ______________
7. ______________

24 Wie bereitet man die Gerichte zu? Verbinden Sie.

a Pizza

Man knetet	Zwiebeln.
Man hackt	einen Teig.
Man schneidet	die Pizza im Ofen.
Man würzt die Soße	Tomaten und Schinken.
Man backt	mit Salz und Pfeffer.

b Kartoffelsalat

Man schält	Zwiebeln an.
Man kocht	kleine Kartoffeln.
Man brät	die Kartoffeln.
Man wärmt	aus Öl und Kräutern.
Man macht Soße	Würstchen auf.

25 Lesen Sie die Rezepte in Übung 24 noch einmal. Formulieren Sie die Sätze im Imperativ (*du* oder *Sie*).

Sie: Kneten Sie einen Teig. Hacken Sie Zwiebeln. …
du: Knete einen Teig. Hack Zwiebeln. …

26 Zeichnen Sie die Mengenangaben in die Bilder.

Halbieren Sie den Apfel!

Schneiden Sie die Pizza in 8 Stücke!

Vierteln Sie alle Kartoffeln!

Füllen Sie einen Viertel Liter Milch ab!

27 Wählen Sie ein Gericht. Wie viel brauchen Sie für 4 Personen? Schreiben Sie einen Einkaufszettel.

1 Kilo ...
250 g ...
1 Päckchen ...

28 Lebensmittel zubereiten. Wählen Sie ein Thema und sammeln Sie Wörter.

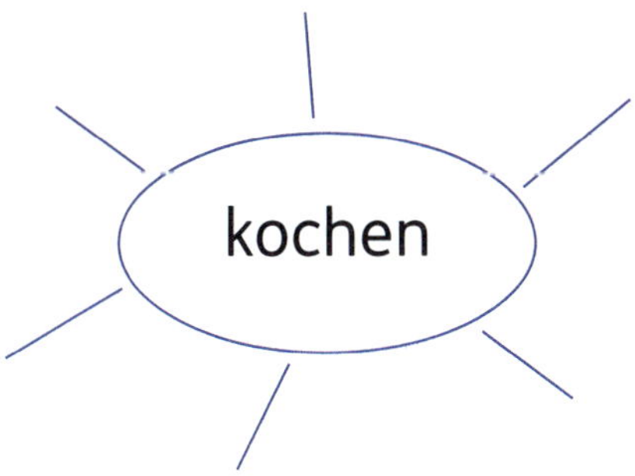

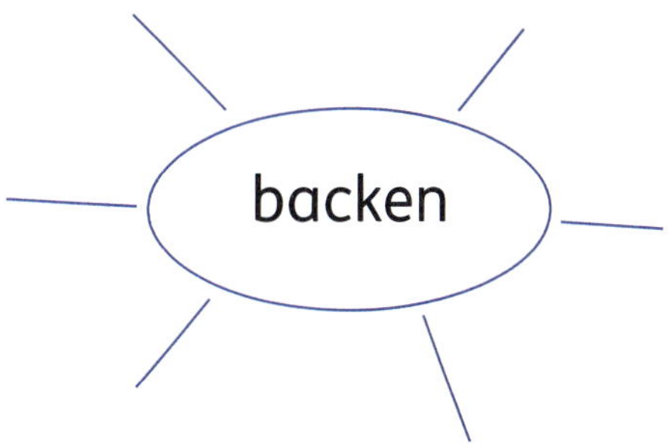

29 Welche Wörter können Sie gut? Haken Sie die Wörter im Glossar ab. ✓

Bildwörterbuch zu Lektion 3 und 4

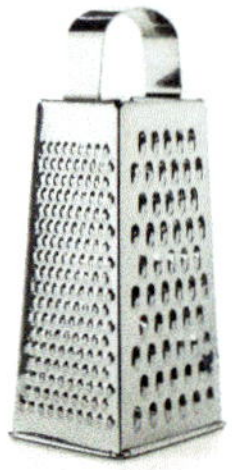
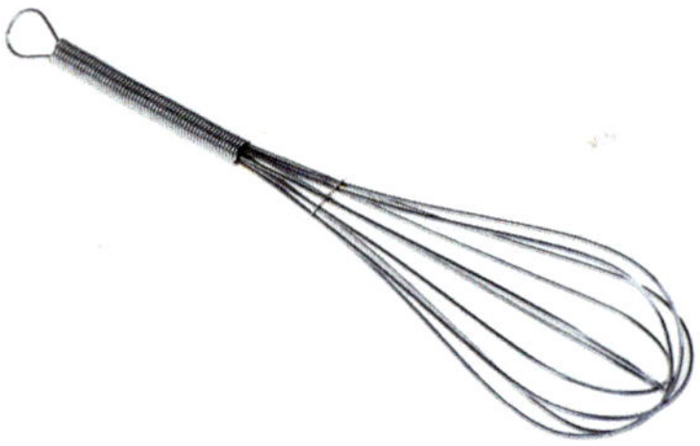

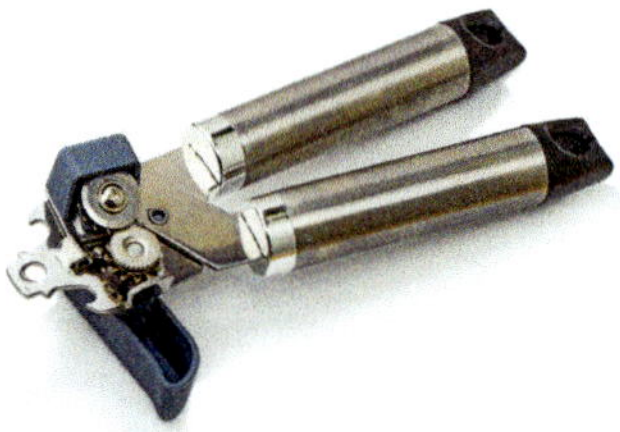

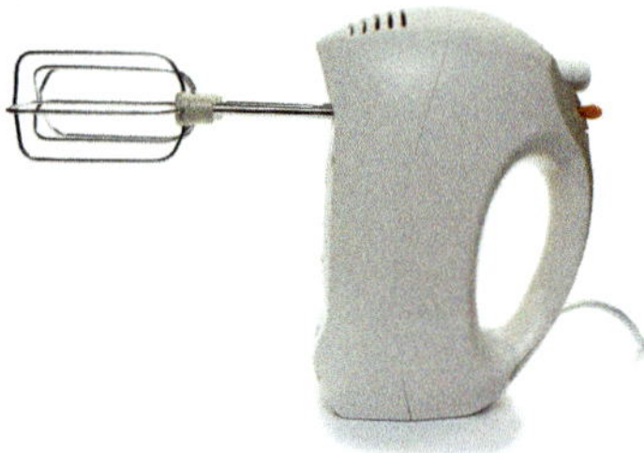

in Streifen schneiden

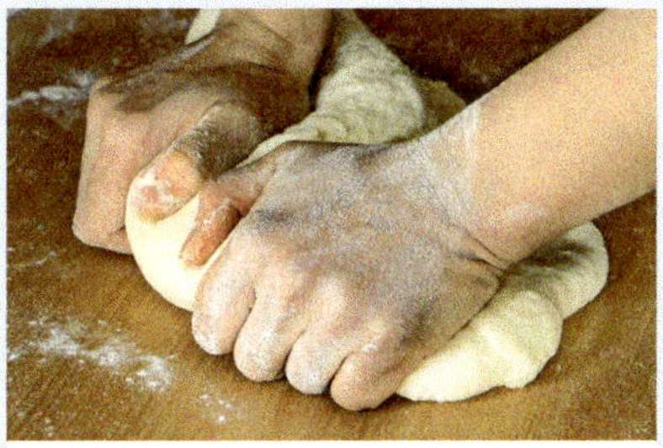

Formalitäten und Hygiene in der Küche

1 Was muss Anton manchmal machen? Lesen Sie den Text.

Manchmal muss ich ein Formular ausfüllen: Bei der Agentur für Arbeit, für meinen Arbeitsvertrag, beim Arzt oder für die Versicherung. Viele Angaben sind oft gleich, zum Beispiel: Name, Wohnort, Familienstand.

2 Was passt zusammen? Verbinden Sie.

Name	Wann sind Sie geboren?
Geburtsdatum	Wie heißen Sie?
Wohnort	Woher kommen Sie?
Familienstand	Was sind Sie von Beruf?
Herkunftsland	Sind Sie ledig oder verheiratet?
Beruf	Wo wohnen Sie?

3 Füllen Sie das Formular mit Ihren Informationen aus.

Name ______________________________

Vorname ______________________________

Wohnort ______________________________

Straße, Hausnummer ______________________________

Herkunftsland ______________________________

Geburtsdatum ______________________________

Geburtsort ______________________________

Familienstand ______________________________

Beruf ______________________________

4 **Tuba hat bald ihren ersten Arbeitstag in der Küche. Der Chef sagt, was sie noch braucht. Lesen Sie den Dialog.**

Chef: Tuba, für die Arbeit musst du ein Gesundheitszeugnis beantragen.
Tuba: Okay. Wo bekomme ich es?
Chef: Mach bitte einen Termin beim Gesundheitsamt. Dort bekommst du Informationen.
Tuba: Was für Informationen?
Chef: Über die Regeln in der Küche. Du musst dir zum Beispiel immer die Hände gut waschen.
Tuba: Alles klar. Ich rufe gleich dort an.
Chef: Gut. Wenn du das Gesundheitszeugnis hast, kannst du anfangen.

5 **Was ist richtig? Kreuzen Sie an.**

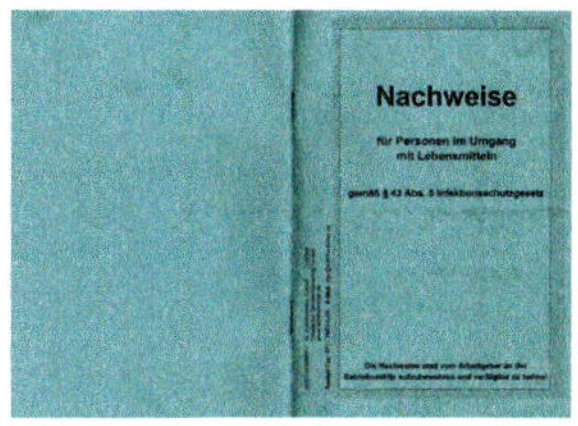

1. Tuba braucht ein Gesundheitszeugnis. ☐
2. Das Gesundheitszeugnis bekommt sie vom Arzt. ☐
3. Sie bekommt Informationen über Hygiene in der Küche. ☐
4. Sie darf auch ohne das Gesundheitszeugnis mit der Arbeit beginnen. ☐

6 **Welche persönlichen Angaben stehen im Gesundheitszeugnis? Lesen Sie und kreuzen Sie an.**

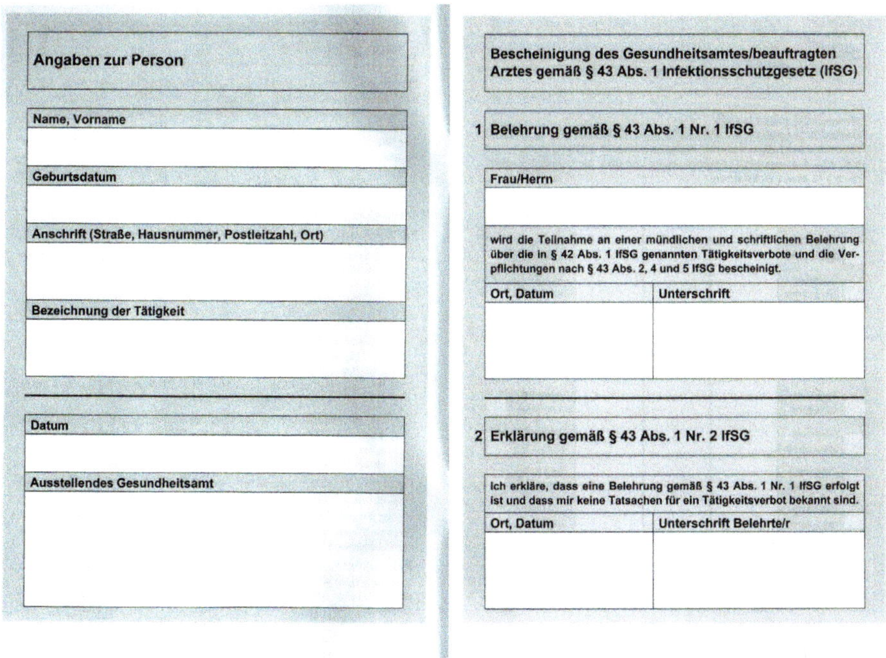

Angaben zur Person

Name, Vorname

Geburtsdatum

Anschrift (Straße, Hausnummer, Postleitzahl, Ort)

Bezeichnung der Tätigkeit

Datum

Ausstellendes Gesundheitsamt

Bescheinigung des Gesundheitsamtes/beauftragten Arztes gemäß § 43 Abs. 1 Infektionsschutzgesetz (IfSG)

1 Belehrung gemäß § 43 Abs. 1 Nr. 1 IfSG

Frau/Herrn

wird die Teilnahme an einer mündlichen und schriftlichen Belehrung über die in § 42 Abs. 1 IfSG genannten Tätigkeitsverbote und die Verpflichtungen nach § 43 Abs. 2, 4 und 5 IfSG bescheinigt.

Ort, Datum	Unterschrift

2 Erklärung gemäß § 43 Abs. 1 Nr. 2 IfSG

Ich erkläre, dass eine Belehrung gemäß § 43 Abs. 1 Nr. 1 IfSG erfolgt ist und dass mir keine Tatsachen für ein Tätigkeitsverbot bekannt sind.

Ort, Datum	Unterschrift Belehrte/r

☐ Name und Vorname
☐ Familienstand
☐ Geburtsdatum
☐ Adresse
☐ Herkunftsland
☐ Beruf

7 Was ist nicht hygienisch? Streichen Sie durch.

ohne Handschuhe

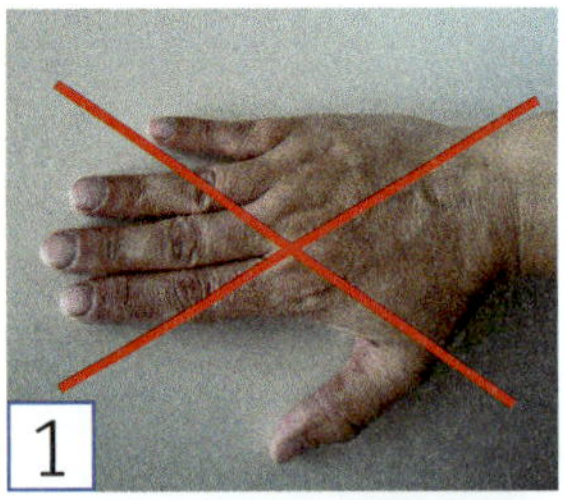

1

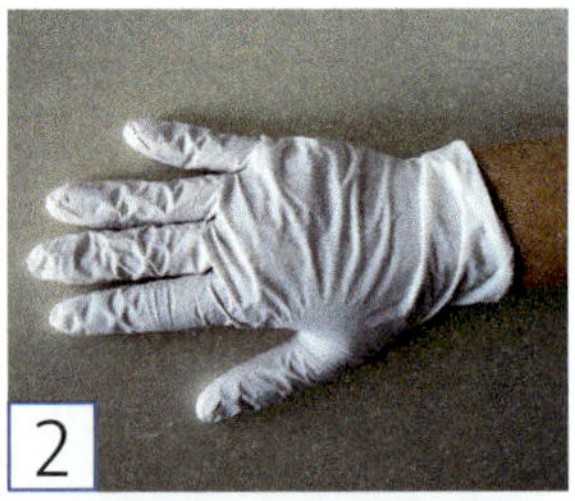

2

mit Handschuhen

mit kurzen Fingernägeln

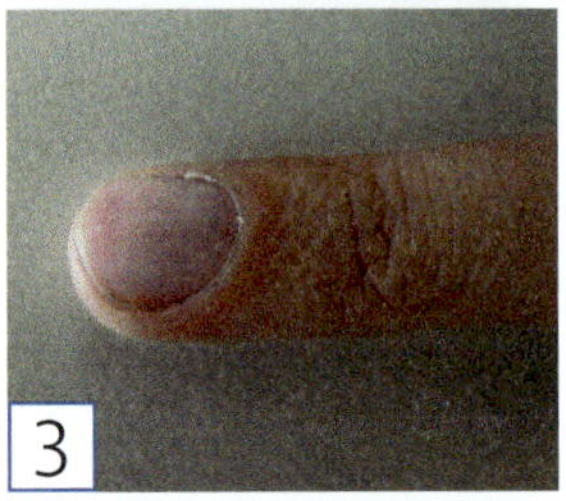

3

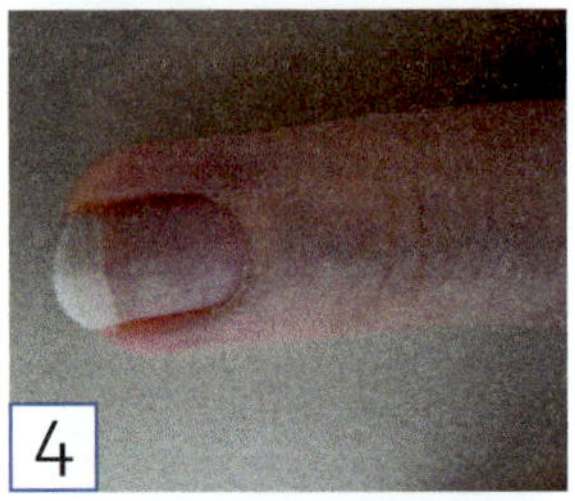

4

mit langen Fingernägeln

mit Nagellack

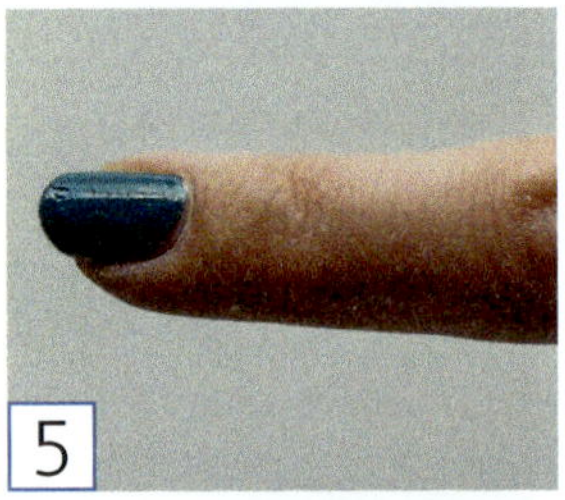

5

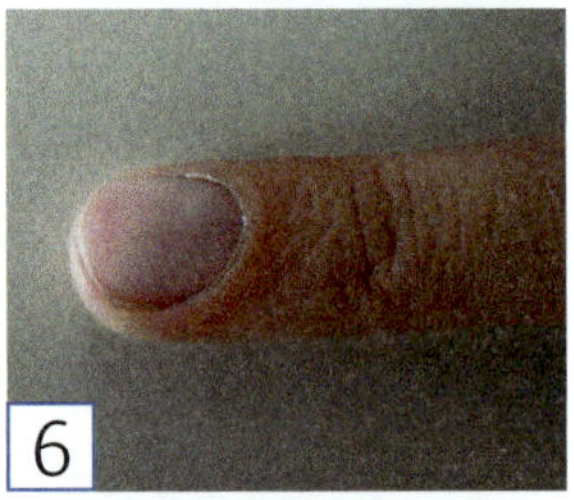

6

ohne Nagellack

mit Schmuck und Uhr

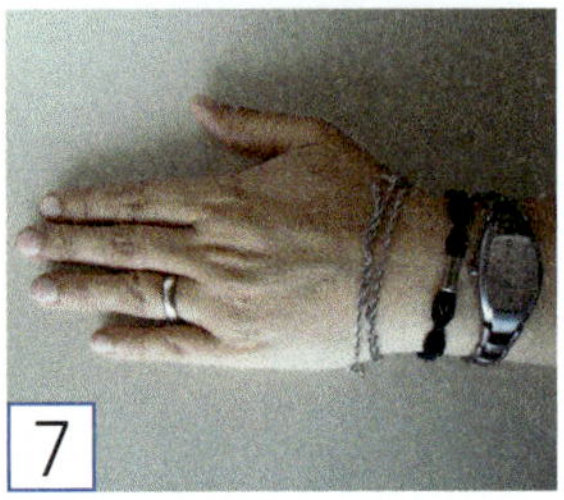

7

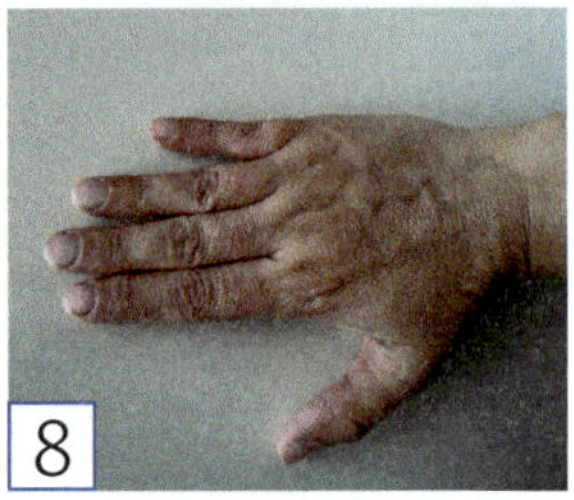

8

ohne Schmuck und Uhr

Wunde ohne Pflaster

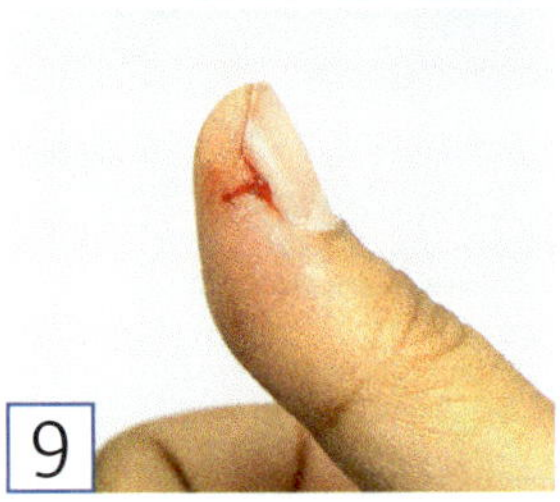

9

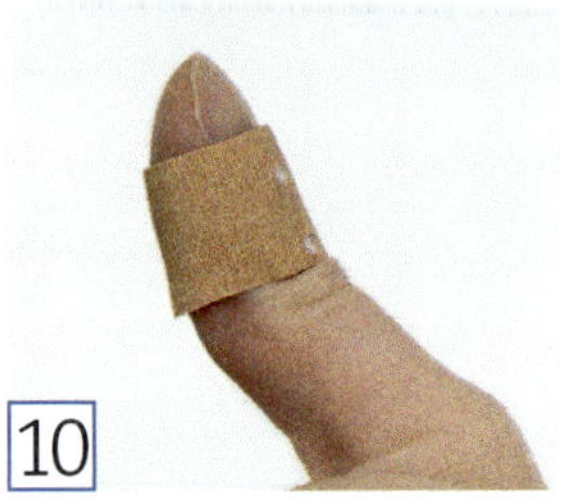

10

Wunde mit Pflaster

Hände mit Seife waschen

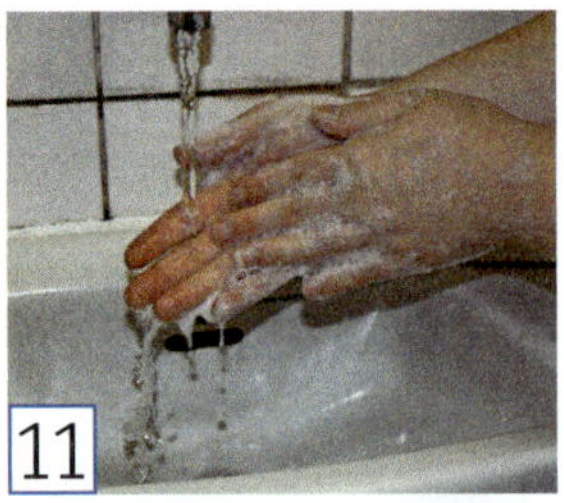

11

12

Hände ohne Seife waschen

mit Kopf-bedeckung

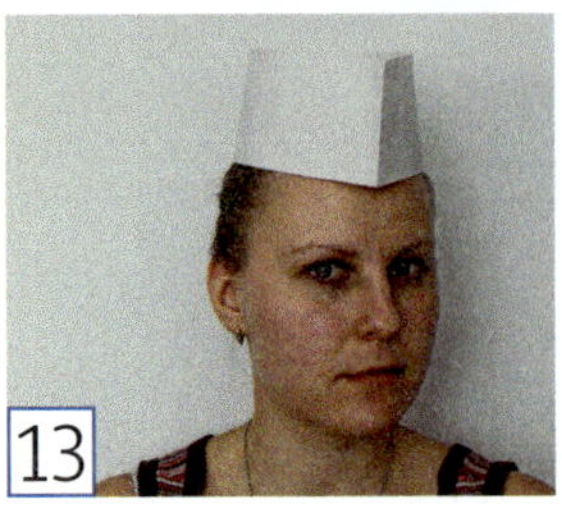

13

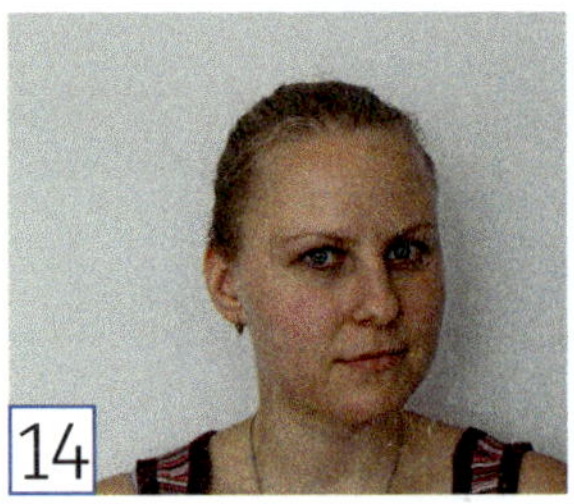

14

ohne Kopf-bedeckung

8 **Was ist noch wichtig? Verbinden Sie.**

1. 

2. 

3. 

Für eine Wunde brauchen Sie ein gutes und wasserdichtes Pflaster.

Husten und niesen Sie in die Armbeuge.

Desinfizieren Sie sich bei Arbeitsbeginn die Hände.

9 **Wie arbeitet man hygienisch? Sprechen Sie.**

10 **Wie wäscht man sich die Hände richtig? Sehen Sie die Bilder an und zeigen Sie mit Ihren Händen.**

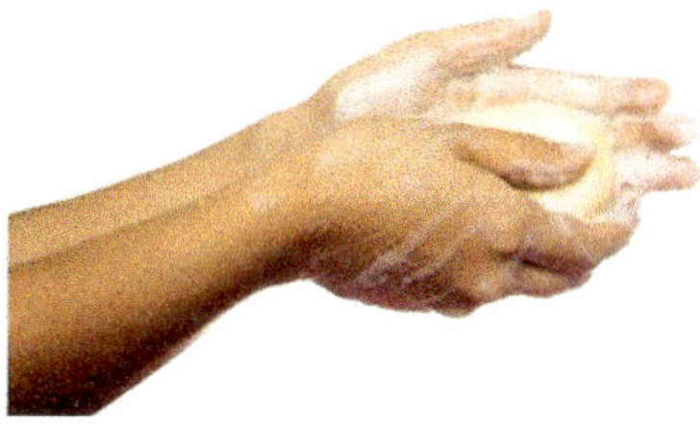
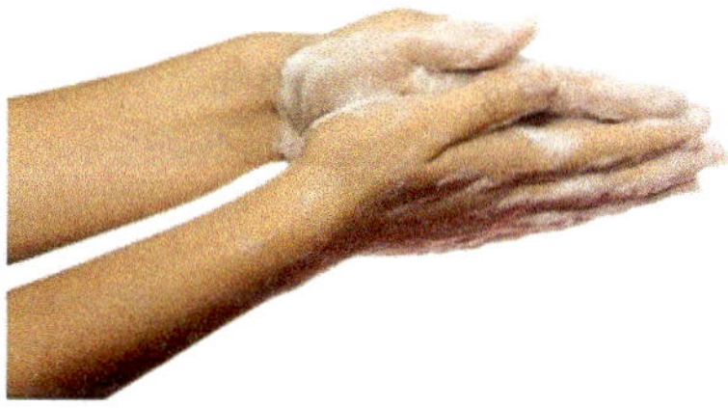
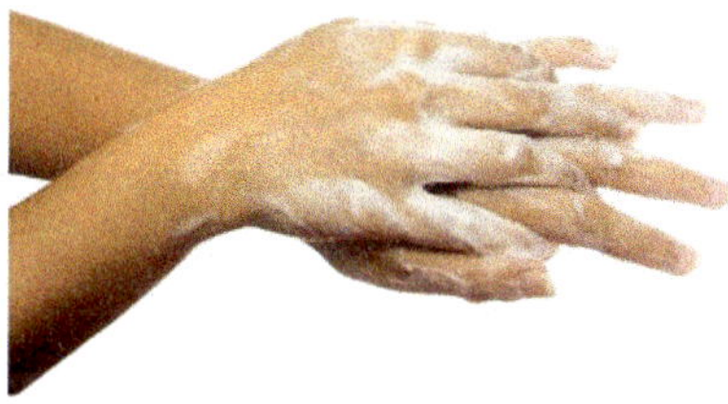

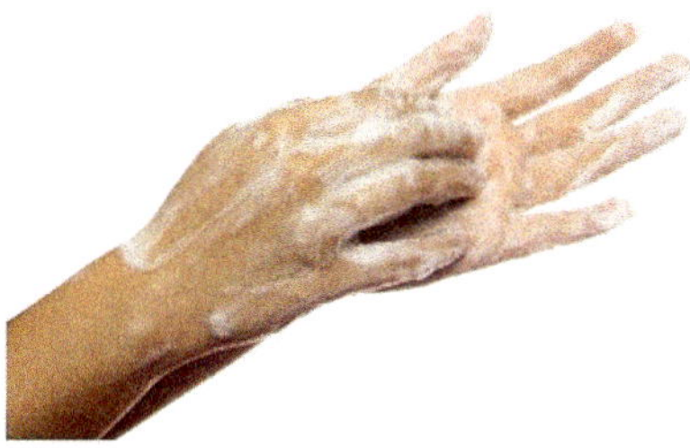
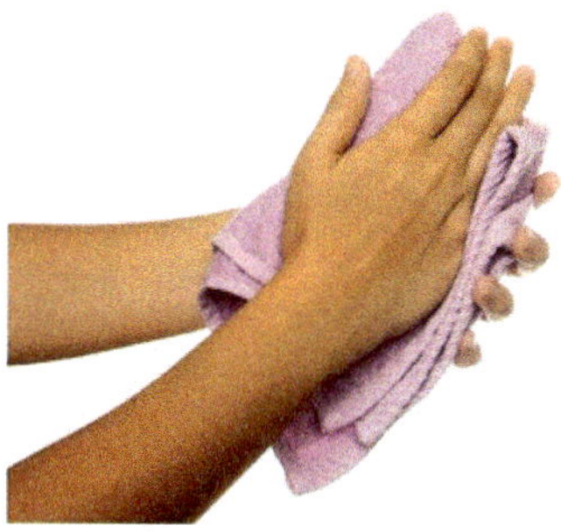

11 Welche Schilder gibt es in der Küche? Lesen Sie.

In unserer Küche gibt es verschiedene Schilder. Dort stehen wichtige Regeln und Verbote oder Tipps für den Notfall.

12 Was bedeuten die Schilder? Ordnen Sie zu.

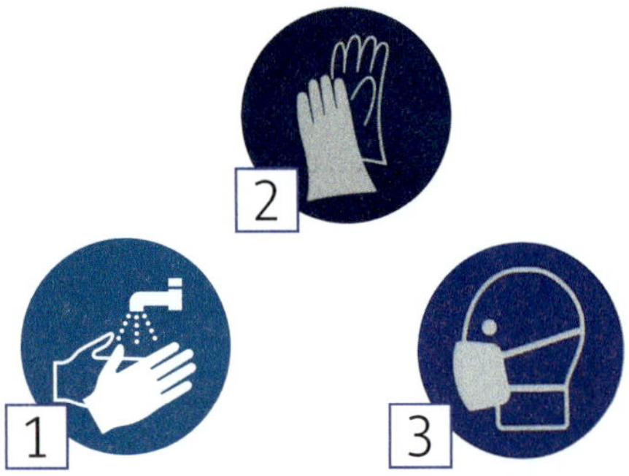

Bild _____ : einen Mundschutz tragen

Bild _____ : Handschuhe tragen

Bild _____ : gründlich Hände waschen

Bild _____ : Rauchen verboten

Bild _____ : Hunde verboten

Bild _____ : Schmuck tragen verboten

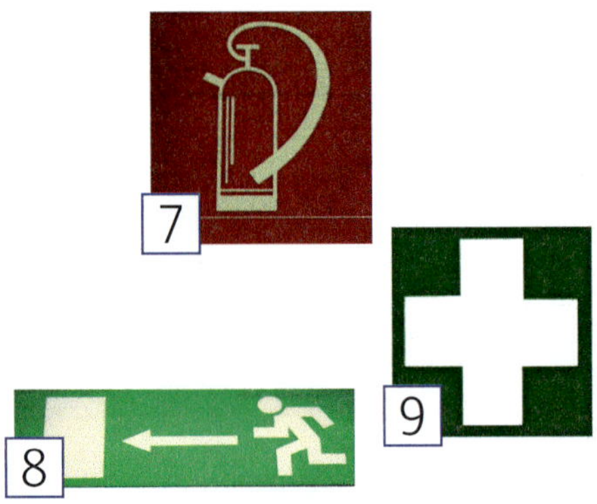

Bild _____ : Erste Hilfe

Bild _____ : Feuerlöscher

Bild _____ : Notausgang

13 Welche Regeln passen? Schreiben Sie.

Verbote: 4 ___ ___   Notfall: ___ ___ ___   Hygiene: ___ ___ ___

14 Milan ist krank. Er telefoniert mit Anton. Lesen Sie den Dialog.

Anton: Hallo Milan. Wie geht's?
Milan: Nicht so gut. Ich bin krank. Ich habe Fieber und kann nicht arbeiten. Was muss ich jetzt machen, Anton?
Anton: Du musst dich beim Chef krankmelden.
Milan: Wie melde ich mich krank?
Anton: Du sagst dem Chef am ersten Tag der Krankheit, dass du krank bist.
Milan: Aha. Muss ich auch zum Arzt?
Anton: Ja, spätestens am dritten Tag. Der Arzt gibt dir die Krankmeldung, weil du nicht arbeiten kannst.
Milan: Ist die Krankmeldung für den Arbeitgeber?
Anton: Genau. Du schickst die Krankmeldung mit der Post.

15 Was ist richtig? Kreuzen Sie an.

1. Milan ☐ muss zum Chef. ☐ muss sich krankmelden.
2. Er muss den Chef ☐ am ersten Tag ☐ am dritten Tag informieren.
3. Er muss spätestens ☐ am dritten Tag ☐ am fünften Tag zum Arzt.
4. Die Krankmeldung schreibt ☐ der Arbeitgeber. ☐ der Arzt.

16 Die Krankmeldung hat offiziell einen anderen Namen. Finden Sie ihn?

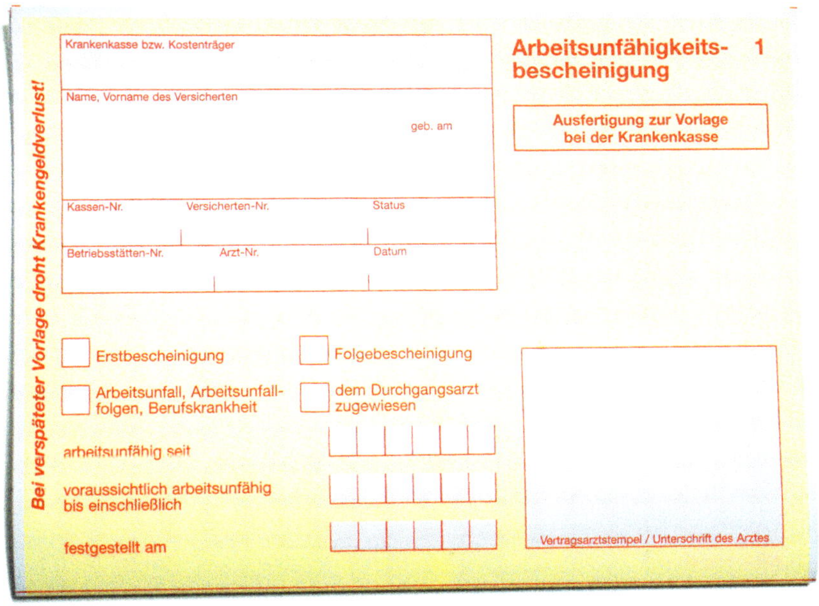
Bei verspäteter Vorlage droht Krankengeldverlust!
Krankenkasse bzw. Kostenträger
Name, Vorname des Versicherten
geb. am
Kassen-Nr. | Versicherten-Nr. | Status
Betriebsstätten-Nr. | Arzt-Nr. | Datum
Arbeitsunfähigkeits-bescheinigung 1
Ausfertigung zur Vorlage bei der Krankenkasse
☐ Erstbescheinigung ☐ Folgebescheinigung
☐ Arbeitsunfall, Arbeitsunfall-folgen, Berufskrankheit ☐ dem Durchgangsarzt zugewiesen
arbeitsunfähig seit
voraussichtlich arbeitsunfähig bis einschließlich
festgestellt am
Vertragsarztstempel / Unterschrift des Arztes

Wiederholen Sie

17 **Wie sind die Silben? Klatschen Sie die Wörter und schreiben Sie in zwei Farben.**

1. Herkunftsland — Herkunftsland ____________
2. Geburtsdatum — ____________
3. Familienstand — ____________
4. Krankmeldung — ____________
5. Arbeitsvertrag — ____________

18 **Welche Wörter finden Sie? Markieren Sie und schreiben Sie.**

a	s	d	W	u	n	d	e	h	O	f
m	a	P	f	l	a	s	t	e	r	l
d	s	a	u	b	e	r	K	r	c	j
H	a	r	O	b	S	e	i	f	e	m
G	M	u	n	d	s	c	h	u	t	z
N	o	A	r	m	b	e	u	g	e	t
L	a	t	v	H	y	g	i	e	n	e

1. ____________
2. ____________
3. ____________
4. ____________
5. ____________
6. ____________
7. ____________

19 **Silbensalat: Schreiben Sie die Wörter richtig.**

bot ver Rauch ____________

er er Feu lösch ____________

gang Not aus ____________

20 Welche Wörter passen? Schreiben Sie und vergleichen Sie.

21 Was ist das? Lesen Sie vor. Ihr Partner / Ihre Partnerin sagt das Wort.

1. Es ist eine Flüssigkeit. Damit desinfiziert man die Hände.
2. Es ist ein gelbes Papier. Man bekommt es vom Arzt.
3. Es ist aus Gummi oder Latex und für die Hände.
4. Es ist ein Dokument. Man braucht es für die Arbeit in der Küche.
5. Es ist rot. Es hilft bei Feuer.
6. Es ist ein offizielles Wort für die Frage: Verheiratet oder ledig?

22 Beschreiben Sie ein Wort aus der Lektion. Die anderen raten.

Es ist …

23 Welche Wörter können Sie gut? Haken Sie die Wörter im Glossar ab. ✓

Grammatik

Wortarten

Wörter gehören zu verschiedenen Gruppen (Wortarten). Die Wörter in einer Gruppe haben gleiche Eigenschaften, zum Beispiel: Die Nomen haben einen Artikel. Hier sind die wichtigsten Wortarten:

- Verb: kochen, backen, schneiden, abschmecken, anbraten, ...
- Nomen: der Topf, die Pfanne, das Schnitzel, die Küchenhilfe, ...
- Artikel: der, die, das, ein, mein, dein, ...
- Adjektiv: kalt, heiß, grün, rot, vegetarisch, belegt, ...
- Pronomen: ich, du, er, sie, wir, ...
- Fragepronomen: Wer? Was? Wann? Wie? Warum? ...

Das Verb

Das Verb hat einen Stamm und eine **Endung**.

	Stamm	Endung		Stamm	Endung
ich	koch	**e**	ich	schäl	**e**
du	koch	**st**	du		
er/sie	koch	**t**	er/sie		
wir	koch	**en**	wir		
ihr	koch	**t**	ihr		
sie/Sie	koch	**en**	sie/Sie		

Manche Verben teilt man: ab schmeck **en**

Ich schmeck **e** die Suppe ab.

1 **Wie sind die Formen für *backen, belegen, anmachen, aufkochen*?**

2 **Suchen Sie Verben aus den Lektionen. Schreiben Sie die Formen.**

Das Verb auf Position 2

Bei Aussagen steht das Verb auf Position 2.

1	2	3
▲	●	▲
Anton	kocht	Suppe.

1 Schreiben Sie Aussagen.

____ .

(Anton – eine Schürze – trägt)

____ .

(die Küchenhilfe – Brötchen – belegt)

____ .

(kommt – der Brokkoli – in den Heißluftofen)

Bei W-Fragen steht das Verb auch auf Position 2. Die W-Frage beginnt mit einem Fragewort: *Warum*, *Wann*, *Wo*, *Wie*, ...

▲?	●	▲ ▲
Wann	machen	wir Pause?

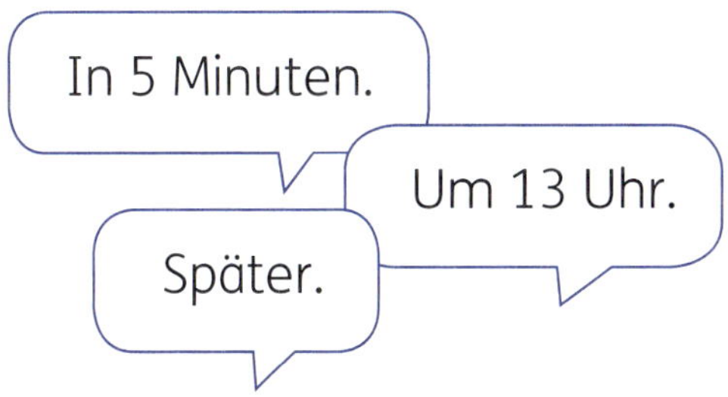

2 Schreiben Sie drei W-Fragen.

____ ?

(der Servierwagen – wo – ist)

____ ?

(wir – wie – belegen – die Brötchen)

____ ?

(servierst – wann – du – den Nachtisch)

Grammatik

Das Verb auf Position 1

Beim Imperativ steht das Verb auf Position 1.

1	2
●	▲
Mach	Salatsoße!

machen:	du machst ~~du~~ mach~~st~~	schälen:	du schälst ~~du~~ schäl~~st~~	kochen:	du kochst ____________
	Mach! Machen Sie!		__________! ____________ Sie!		__________! ____________ ____!

1 Schreiben Sie Sätze im Imperativ.

____ !
(Kartoffeln schälen)

____ !
(die Zwiebeln hacken)

Bei Ja- / Nein-Fragen steht das Verb auch auf Position 1.

1	2
●	▲ ▲ ▲
Ist	der Reis fertig?

Ja.

Nein.

2 Schreiben Sie Ja- / Nein-Fragen.

____ ?
(das Gericht – ist – vegetarisch)

____ ?
(einen Schneebesen – du – hast)

Das Nomen: Komposita

Man kann Wörter zusammensetzen und neue Nomen bilden.
Das zweite Wort bestimmt den Artikel.

1 Schreiben Sie die Wörter.

	die Heißluft	+	der Ofen	=	der	Heißluftofen
1.	kochen	+	die Mütze	=		
2.	das Haar	+	das Netz	=		
3.	die Pommes	+	die Maschine	=		
4.	servieren	+	der Wagen	=		
5.	krank	+	die Meldung	=		

2 Setzen Sie die Wörter zusammen. Wie sind die Artikel?

Hack, Rind, Schweine – fleisch

Fleisch – messer, wurst, salat

1. ____________________
2. ____________________
3. ____________________
4. ____________________
5. ____________________
6. ____________________

Glossar

Lektion 1: Arbeitskleidung, Gegenstände und Tätigkeiten

Arbeitskleidung

der Arbeitsschuh, -e
das Haarnetz, -e
das Halstuch, ⸚er
der Handschuh, -e
der Kittel, -
die Kochjacke, -n
die Kochmütze, -n
die Schürze, -n

Besteck

die Gabel, -n
der Löffel, -
(der Esslöffel, der Teelöffel)
das Messer, -

Geschirr

der Eierbecher, -
das Glas, ⸚er
das Kännchen, -
das Schälchen, -
die Schüssel, -n
das Tablett, -s
die Tasse, -n
der Teller, -
die Untertasse, -n

zum Kochen und Braten

der Deckel, -
die Pfanne, -n
der Topf, ⸚e

zum Spülen

der Schwamm, ¨-e

die Spüle, -n

das Trockentuch, ¨-er

Maschinen

der Backofen, ¨-

der Gefrierschrank, ¨-e

die Kaffeemaschine, -n

der Kühlschrank, ¨-e

die Mikrowelle, -n

die Spülmaschine, -n

der Wasserkocher, -

Tätigkeiten

arbeiten

helfen

holen

kochen

putzen

rühren

spülen

(Arbeitskleidung) tragen

wegräumen

wischen

Lektion 2: Mit Lebensmitteln arbeiten

Gemüse

die Aubergine, -n

der Blumenkohl, -e

der Knoblauch (*nur Singular*)

die Möhre, -n
die Paprika, -
die Peperoni, -
der Pilz, -e
das Radieschen, -
der Salat, -e
die Tomate, -n
die Zwiebel, -n

Obst

der Apfel, ¨-
die Banane, -n
die Erdbeere, -n
die Nektarine, -n
die Orange, -n
die Pflaume, -n
die Zitrone, -n

Fleischgerichte

die Bratwurst, ¨-e
die Bulette, -n
das Geflügel (*nur Singular*)
das Hackfleisch (*nur Singular*)
das Rindfleisch (*nur Singular*)
das Schnitzel, -
das Schweinefleisch (*nur Singular*)

Beilagen

die Kartoffel, -n
die Nudel, -n
der Reis (*nur Singular*)
die Soße, -n

Nachspeisen

der Kuchen, -
der Pudding (*nur Singular*)
der Quark (*nur Singular*)
die Waffel, -n

Zutaten

der Basilikum (*nur Singular*)
der Essig, -e
das Mehl (*nur Singular*)
das Öl, -e
der Pfeffer (*nur Singular*)
der Rosmarin (*nur Singular*)
das Salz (*nur Singular*)
der Zucker (*nur Singular*)

Gegenstände

der Gemüseschäler, -
die Küchenwaage, -n
die Knoblauchpresse, -n

Tätigkeiten

abschmecken
anbraten
(den Herd) anmachen
durchschneiden
hacken
pressen
schälen
schneiden
waschen
wiegen

vegetarisch
der Vegetarier, -
die Vegetarierin, -nen

Lektion 3: Kleine und große Geräte und Maschinen

kleine Küchengeräte
das Backblech, -e
der Dosenöffner, -
der Mixer, -
der Pfannenwender, -
die Reibe, -n
der Schneebesen, -
das Sieb, -e
die Suppenkelle, -n
die Zange, -n

große Küchengeräte
das Abnahmeband, ¨-er
der Heißluftofen, ¨-
der Kochkessel, -
die Pommesmaschine, -n
die Rührmaschine, -n
die Spülstraße, -n
die Vakuummaschine, -n

Tätigkeiten
braten
frittieren
garen
mischen
(eine Dose) öffnen

(Kartoffeln) reiben
servieren
verpacken
(Fleisch) wenden

die Essensausgabe, -n
der Servierwagen, -

Lektion 4: Gerichte, Mengenangaben und Rezepte

Lebensmittel

das Backpulver (*nur Singular*)
die Bohne, -n
der Brokkoli (*nur Singular*)
das Brot, -e
die Brühe, -n
die Butter (*nur Singular*)
der Curry (*nur Singular*)
das Ei, -er
der Fisch, -e
die Kirsche, -n
der Kürbis, -se
der Lauch (*nur Singular*)
die Milch (*nur Singular*)
die Petersilie (*nur Singular*)

Gerichte

die Gemüsesuppe, -n
der Hamburger, -
der Kartoffelsalat, -e
der Nudelauflauf, ¨-e
die Pizza, Pizzen

der Schnittlauch (*nur Singular*)
der Vanillezucker (*nur Singular*)

Mengenangaben

der Esslöffel, - (EL)
das Gramm, - (g)
das Kilogramm, - (kg)
der Liter, - (l)
das Milligramm, - (mg)
der Milliliter, - (ml)
das Päckchen, - (Pck.)
der Teelöffel, - (TL)

Kochen und Backen

(Milch) abfüllen
ablöschen
aufkochen
aufwärmen
backen
braten
dünsten
(Teig) kneten
panieren
(in Ringe / Scheiben / Streifen / Stücke / Würfel) schneiden
würzen
achteln, halbieren, vierteln

Brötchen belegen

der Aufschnitt (*nur Singular*)
das Brötchen, -
das Schneidebrett, -er
(Butter auf das Brötchen) streichen

Lektion 5: Formalitäten und Hygiene in der Küche

Formalitäten

die Arbeitsunfähigkeits-
bescheinigung, -en
der Arbeitsvertrag, ¨-e
der Familienstand (*nur Singular*)
das Geburtsdatum, -daten
das Gesundheitszeugnis, -se
das Herkunftsland, ¨-er
die Krankmeldung, -en
sich krankmelden

Hygiene

die Armbeuge, -n
desinfizieren
der Fingernagel, ¨-
die Kopfbedeckung, -en
der Mundschutz (*nur Singular*)
das Pflaster, -
die Seife, -n
die Wunde, -n

Sicherheit

die Erste Hilfe (*nur Singular*)
der Feuerlöscher, -
der Notausgang, ¨-e

Welche Wörter finden Sie wichtig? Schreiben Sie.

Lösungen

Lektion 1

1 das Halstuch: 2
der Handschuh: 7
der Kittel: 6
die Kochjacke: 3
die Kochmütze: 1
die Schürze: 4

3 Das ist Anton. Er ist Küchenhilfe von Beruf.

5 richtig: 1, 4

6 ich spüle; er / sie spült

7 Ich spül**e** den Topf. Du spül**st** die Pfanne. Wir spül**en** alle Messer. Ihr spül**t** das Geschirr. Anton und Maria spül**en** das Besteck.

8 erste Reihe: die Gabel, das Messer, der Esslöffel, der Teelöffel
zweite Reihe: die Schüssel, das Schälchen, der Teller, die Untertasse
dritte Reihe: die Tasse, das Glas, das Kännchen, der Eierbecher

9

der, die, das	die
die Gabel	die Gabeln
der Esslöffel	die Esslöffel
der Teelöffel	die Teelöffel
der Teller	die Teller
die Untertasse	die Untertassen
die Schüssel	die Schüsseln
das Schälchen	die Schälchen
das Glas	die Gläser
die Tasse	die Tassen
der Eierbecher	die Eierbecher
das Kännchen	die Kännchen

10 2 kochen, 1 holen, 6 wischen, 3 rühren, 5 wegräumen

11 eine Kiste mit Gemüse holen
den Boden wischen
die Suppe rühren
die Tabletts wegräumen
das Geschirr spülen

13 1. der Backofen
2. die Spüle, die Spülmaschine
3. der Kühlschrank, der Gefrierschrank
4. die Kaffeemaschine, der Wasserkocher
5. der Schwamm, das Trockentuch

14 2. Spülmaschine
3. Mikrowelle
4. Wasserkocher
5. Gefrierschrank

19 1. die Küchenhilfe oder der Koch
2. das Haarnetz oder die Kochmütze
3. die Spülmaschine oder die Spülstraße
4. der Backofen
5. das Besteck
6. die Tasse

Lektion 2

1 1. die Paprika, 2. der Apfel, 3. die Nektarine, 4. die Pflaume, 5. der Salat, 6. die Peperoni, 7. die Zitrone, 8. der Pilz (der Champignon), 9. die Banane, 10. die Erdbeere, 11. die Tomate, 12. der Blumenkohl, 13. die Orange, 14. das Radieschen, 15. die Aubergine

3 richtig: 1, 2

4 Lebensmittel wiegen, Gemüse waschen, Knoblauch pressen, Möhren schälen, Tomaten schneiden

7 1. das Hackfleisch, die Buletten, die Schnitzel
2. die Kartoffeln, der Reis, die Nudeln, der Salat
3. die Waffeln, der Kuchen, der Quark, der Pudding

8

Wörter im Plural	Singularform
die Bratwürste	die Bratwurst
die Buletten	die Bulette
die Schnitzel	das Schnitzel
die Kartoffeln	die Kartoffel
die Nudeln	die Nudel
die Waffeln	die Waffel

9 die Nachspeise: 3, die Beilage: 2

10 Salz und Pfeffer, Öl und Essig, Zucker und Mehl, Basilikum und Rosmarin

12 Bild 4: mit Käse
Bild 1: mit Schweinefleisch
Bild 5: mit Ei
Bild 2: mit Rindfleisch
Bild 3: mit Geflügel
Bild 6: vegetarisch

13 3 abschmecken, 1 anmachen, 2 anbraten

14 Der Koch [schmeckt] die Suppe [ab].

15 Ich schmecke die Suppe ab. Du schmeckst die Nudeln ab. Wir schmecken das Gemüse ab. Ihr schmeckt die Soße ab. Anton und Maria schmecken die Nachspeise ab.

16 Maria brät die Zwiebeln an.
Anton macht den Herd an.
Milan schneidet die Zitrone durch.

17 a) zum Beispiel: Anton macht die Mikrowelle an. Maria schmeckt die Suppe ab. Ich schneide das Brot durch.

b) zum Beispiel: Du machst die Kaffeemaschine an. Wir braten die Nudeln an.

19 zum Beispiel:
Obst: die Banane, die Pflaume, die Orange, die Nektarine, die Erdbeere

Gemüse: die Tomate, der Brokkoli, der Lauch, die Bohne, die Zwiebel

Fleisch: das Hackfleisch, das Schnitzel, die Bulette, der Schinken, die Salami

Getränke: der Saft, der Tee, der Kaffee, das Bier, die Limonade

20 2. abschmecken, 3. kochen, 4. schneiden, 5. hacken, 6. anbraten, 7. wiegen

21 1. … wir schäl**en**, ihr schäl**t**, sie / Sie schäl**en**
2. … wir schmeck**en** ab, ihr schmeck**t** ab, sie / Sie schmeck**en** ab
3. … du koch**st**, er / sie koch**t**, wir koch**en**, ihr koch**t**, sie / Sie koch**en**
4. ich schneid**e**, du schneid**est**, er / sie schneid**et**, wir schneid**en**, ihr schneid**et**, sie / Sie schneid**en**
5. ich hack**e**, du hack**st**, er / sie hack**t**, wir hack**en**, ihr hack**t**, sie / Sie hack**en**
6. ich brat**e** an, du brä**tst** an, er / sie brä**t** an, wir brat**en** an, ihr brat**et** an, sie / Sie brat**en** an
7. ich wieg**e**, du wieg**st**, er / sie wieg**t**, wir wieg**en**, ihr wieg**t**, sie / Sie wieg**en**

22

Gefrierschrank	Kühlschrank	Lager
Eis Tiefkühlpizza	Quark Fleisch Milch Käse	Kartoffeln Äpfel Tomaten Öl Zwiebeln

Bildwörterbuch zu Lektion 1 und 2

linke Seite:
das Haarnetz, die Schürze
der Topf, die Pfanne, der Deckel
das Besteck, das Geschirr, der Teller
der Kühlschrank, die Spüle, der Backofen
der Gefrierschrank, die Spülmaschine, die Mikrowelle

rechte Seite:
der Gemüseschäler, das Messer, die Küchenwaage
schälen, schneiden, wiegen
rühren, spülen, wischen
anmachen, anbraten, abschmecken
das Salz, der Pfeffer, der Zucker

Lösungen

Lektion 3

1 linke Seite: Mit 1 serviert man Suppe. Mit 3 rührt man etwas. In 4 kocht man etwas.

rechte Seite: In 5 brät man etwas. Mit 2 wendet man Fleisch. 6 kommt auf den Topf oder die Pfanne.

3 richtig: 2, 3

5 der Dosenöffner, die Suppenkelle, der Pfannenwender, die Reibe

7 1. die Pommesmaschine, 2. der Kochkessel, 3. die Rührmaschine, 4. der Heißluftofen, 5. die Vakuummaschine, 6. die Spülstraße, 7. das Abnahmeband

8 1. Heißluftofen, 2. Kochkessel, 3. Rührmaschine, 5. Spülstraße

10

Nomen ▲▲	Verben ●
der Kochkessel	spülen
die Rührmaschine	frittieren
der Heißluftofen	rühren
der Schneebesen	anbraten
das Tablett	abschmecken

11 a) Blumenkohl, b) mischt Fleisch und Zwiebeln, c) zur Essensausgabe

12 ▲ ● ▲ ▲

Anton macht den Salat.

▲ ● ▲ ▲

Anton nimmt den Servierwagen.

13 ● ▲ ▲

Mach den Salat!

● ▲ ▲

Nimm den Servierwagen!

14 Das Verb ● steht in 12 und 13 auf einem anderen Platz.

In 12 steht das Verb auf Position 2: „Anton kocht den Blumenkohl."
In 13 steht das Verb auf Position 1: „Koch den Blumenkohl!"

15 2. Wasch den Salat!
3. Öffne die Dose!
4. Brate das Fleisch an!
5. Bring das Essen zur Essensausgabe!

17 2. Spülstraße, 3. Servierwagen, 4. Rührmaschine, 4. Essensausgabe

18 richtig: 2, 4

19 die Kochmütze, die Kochjacke, der Kochkessel, das Kochbuch; die Rührmaschine, die Vakuummaschine, die Kaffeemaschine, die Pommesmaschine

Lektion 4

1 4 Pizza, 1 Hamburger, 2 Gemüsesuppe, 3 Kartoffelsalat

3 richtig: 2, 4

6 1. ein Brötchen mit Aufschnitt belegen, 2. Teig mit den Händen kneten, 3. Muffins im Ofen backen, 4. die Milch kurz aufkochen, 5. das Essen mit Weißwein ablöschen, 6. den Brokkoli dünsten, 7. die Schnitzel mit Ei und Mehl panieren, 8. den Fisch in der Pfanne braten

7 2 in Stücke, 5 in Würfel, 1 in Ringe, 4 in Streifen

8 ¼: eine viertel Pizza
½: eine halbe Pizza
¾: eine dreiviertel Pizza

9 ½ in zwei Stücke schneiden – halbieren
¼ in vier Stücke schneiden – vierteln
⅛ in acht Stücke schneiden – achteln

10

11 Milligramm: mg Milliliter: ml
Gramm: g Liter: l
Kilogramm: kg Teelöffel: TL
Päckchen: Pck. Esslöffel: EL

14

Kilogramm	Gramm
1 kg	1000 g
½ kg	500 g
¼ kg	250 g
¾ kg	750 g
1½ kg	1500 g

Liter	Milliliter
1 l	1000 ml
½ l	500 ml
¼ l	250 ml
¾ l	750 ml
1½ l	1500 ml

16 richtig: Bohnen, Brühe, Petersilie

22 richtig: 3, 4

23 2. dünsten, 3. panieren, 4. braten, 5. ablöschen, 6. kneten, 7. belegen

24 a) Man hackt Zwiebeln. Man schneidet Tomaten und Schinken. Man würzt die Soße mit Salz und Pfeffer. Man backt die Pizza im Ofen.

b) Man schält kleine Kartoffeln. Man kocht die Kartoffeln. Man brät Zwiebeln an. Man wärmt Würstchen auf. Man macht Soße aus Öl und Kräutern.

25 a) Schneiden Sie Tomaten und Schinken. Würzen Sie die Soße mit Salz und Pfeffer. Backen Sie die Pizza im Ofen.

Schneide Tomaten und Schinken. Würz die Soße mit Salz und Pfeffer. Back die Pizza im Ofen.

b) Schälen Sie kleine Kartoffeln. Kochen Sie die Kartoffeln. Braten Sie Zwiebeln an. Wärmen Sie Würstchen auf. Machen Sie Soße aus Öl und Kräutern.

Schäl kleine Kartoffeln. Koch die Kartoffeln. Brat / Brate Zwiebeln an. Wärm Würstchen auf. Mach Soße aus Öl und Kräutern.

26

Bildwörterbuch zu Lektion 3 und 4

linke Seite:
die Suppenkelle, die Zange, die Reibe
der Schneebesen, das Backblech, der Pfannenwender
der Dosenöffner, das Sieb, der Mixer
der Kochkessel, die Pommesmaschine, der Heißluftofen
die Rührmaschine, die Spülstraße, das Abnahmeband

rechte Seite:
die Petersilie, die Brühe, der Schnittlauch
…, in Würfel schneiden, in Scheiben schneiden
in Ringe schneiden, kneten, aufkochen
belegen, dünsten, ablöschen
panieren, braten, backen

Lektion 5

2 Geburtsdatum: Wann sind Sie geboren?
Wohnort: Wo wohnen Sie?
Familienstand: Sind Sie ledig oder verheiratet?
Herkunftsland: Woher kommen Sie?
Beruf: Was sind Sie von Beruf?

5 richtig: 1, 3

6 richtig: Name und Vorname, Geburtsdatum, Adresse, Beruf

7 nicht hygienisch: mit langen Fingernägeln, mit Nagellack, mit Schmuck und Uhr, Wunde ohne Pflaster, Hände ohne Seife waschen, ohne Kopfbedeckung

8 1. Desinfizieren Sie sich bei Arbeitsbeginn die Hände. 2. Für eine Wunde brauchen Sie ein gutes und wasserdichtes Pflaster. 3. Husten und niesen Sie in die Armbeuge.

12 Bild 1: gründlich Hände waschen
Bild 2: Handschuhe tragen
Bild 3: einen Mundschutz tragen

Bild 4: Rauchen verboten
Bild 5: Schmuck tragen verboten
Bild 6: Hunde verboten

Bild 7: Feuerlöscher
Bild 8: Notausgang
Bild 9: Erste Hilfe

13 Verbote: 6, 5; Notfall: 9, 7, 8; Hygiene: 3, 2, 1

15 richtig: 1. muss sich krankmelden, 2. am ersten Tag, 3. am dritten Tag, 4. der Arzt

16 Die Krankmeldung heißt offiziell „Arbeitsunfähigkeitsbescheinigung".

17 2. Geburtsdatum, 3. Familienstand, 4. Krankmeldung, 5. Arbeitsvertrag

18 1. Wunde, 2. Pflaster, 3. sauber, 4. Seife, 5. Mundschutz, 6. Armbeuge, 7. Hygiene

19 Rauchverbot, Feuerlöscher, Notausgang

21 1. das Desinfektionsmittel, 2. die Krankmeldung, 3. die Handschuhe, 4. das Gesundheitszeugnis, 5. der Feuerlöscher, 6. der Familienstand

Grammatik

Das Verb

du schälst, er / sie schält, wir schälen, ihr schält, sie / Sie schälen

1 ich backe, du backst, er / sie backt, wir backen, ihr backt, sie / Sie backen

ich belege, du belegst, er / sie belegt, wir belegen, ihr belegt, sie / Sie belegen

ich mache an, du machst an, er / sie macht an, wir machen an, ihr macht an, sie / Sie machen an

ich koche auf, du kochst auf, er / sie kocht auf, wir kochen auf, ihr kocht auf, sie / Sie kochen auf

Das Verb auf Position 2

1 Anton trägt eine Schürze. Die Küchenhilfe belegt Brötchen. Der Brokkoli kommt in den Heißluftofen.

2 Wo ist der Servierwagen? Wie belegen wir die Brötchen? Wann servierst du den Nachtisch?

Das Verb auf Position 1

~~du~~ schäl~~st~~ → Schäl! Schälen Sie!
~~du~~ koch~~st~~ → Koch! Kochen Sie!

1 Schäl Kartoffeln! Hack die Zwiebeln!

2 Ist das Gericht vegetarisch? Hast du einen Schneebesen?

Das Nomen: Komposita

1 1. die Kochmütze, 2. das Haarnetz, 3. die Pommesmaschine, 4. der Servierwagen, 5. die Krankmeldung

2 das Hackfleisch, das Rindfleisch, das Schweinefleisch;
das Fleischmesser, die Fleischwurst, der Fleischsalat